30 CRIMES INCROYABLES

que vous n'oublierez jamais

ISBN : 978-2-7533-0441-3

92 avenue de France, 75013 Paris, France

Une anthologie dirigée par
Michel Mary

30 CRIMES INCROYABLES que vous n'oublierez jamais

Documents, photos et
témoignages exclusifs

éditions
TÉLÉMAQUE

SOMMAIRE

Nous avons volontairement changé le nom
de certains protagonistes.

On l'a retrouvé flottant
dans le lac en pyjama...
L'ENFANT
DU LAC

Un gendarme de L' IRCGN est photographié, le 31 mai au domicile familial du garçon retrouvé inanimé la veille dans le lac. © AFP

Quand on a été reporter de faits divers pendant quinze ans, on vit entouré de fantômes.
Ce dimanche matin, par exemple, j'ai voulu aller me promener au bord d'un étang. Mais ce plan d'eau immobile, gris sous le ciel bas d'Anjou, m'a rappelé immédiatement un autre étang.
Sauf que, là, un enfant flottait à la surface.

LA ROCHE-SUR-YON
MAI 2009

C'était en 2009. Au mois de mai. Je m'en souviens parce que pour un journaliste de faits divers, c'est la période la plus difficile de l'année. Impossible de joindre un « contact » avec tous ces ponts. De toute façon, je voulais filer directement sur les lieux, très tôt le matin, pour me replonger dans l'atmosphère de la veille, quand un insomniaque promenant son chien a fait la découverte...

Imaginez un lac artificiel d'une centaine d'hectares. Au nord, des arbres rasent la berge. Au sud, une promenade longe un débarcadère... Le corps du jeune garçon affleurait à sept mètres du bord, flottant dans l'eau dormante. Le vêtement de l'enfant dessinait une tache claire sous la nappe de brouillard de l'aube – un ciel brumeux, comme aujourd'hui.

L'AFFAIRE N'EST PAS UN DRAME ORDINAIRE

À la gendarmerie où je déboule plus tard dans la matinée, ça court dans tous les sens, le téléphone n'arrête pas de sonner. Car l'affaire ne se présente pas comme un drame ordinaire.

— L'enfant est vivant, a juste le temps de me glisser le chef de peloton entre deux portes.

Ça, c'est le premier coup de théâtre dans cette enquête qui va en connaître un paquet : selon l'estimation du légiste, le garçon serait resté entre deux et trois heures dans l'eau. Il a été ramené sur la berge par les pompiers le corps raide comme une planche. L'eau froide a fait baisser sa température interne à 28 °C. Il est dans le coma, en état d'hypothermie. Le réchauffer sera délicat ; le réveiller, incertain, mais, pour l'instant, son cœur bat.

Ces mots, ce sont ceux que les médecins prononcent en général, pour tenter de rassurer les parents. Mais dans cette affaire, des parents, il n'y en a pas ! Et ça, c'est le deuxième coup de théâtre.

Les heures de la journée s'écoulent et personne ne réclame l'enfant. On le mesure rapidement : – 1,32 mètre pour 33 kilos. On note avec précision la description de ses vêtements : pyjama vert imprimé d'un personnage Barbapapa ; pantoufles à motif Daisy. Oui, il a toujours ses pantoufles aux pieds ! À croire qu'en pleine nuit, on l'a précipité sans lutte de sa chambre d'enfant dans le lac.

POUR LES ENQUÊTEURS, TOUTES LES PISTES SONT POSSIBLES

Pour les enquêteurs, toutes les pistes sont possibles. Et aucune ne colle. Si le gamin était tombé à l'eau par accident, il serait vêtu de ses vêtements de jour.

S'il s'était noyé en nageant, il porterait un maillot de bain. Et quelqu'un serait venu déclarer sa disparition.

S'il avait été agressé, poussé à l'eau, il présenterait des traces de coups, de violence. Or le jeune inconnu n'en porte pas.

Un suicide ? L'enfant aurait fugué en pleine nuit et se serait jeté volontairement dans le lac ? Mais, dans ce cas, il habiterait un hameau voisin. Or, dans le coin, personne ne connaît ce visage rond et pâle, ces cheveux blonds.

Le petit, naturellement, n'a ni papiers, ni téléphone, ni médaille sur lui. Rien ne permet de l'identifier. Les gendarmes écartent une hypothèse après l'autre.

Vingt-quatre heures passent. Aucun parent ni aucun centre d'hébergement ne

Base nautique d'Apremont en Vendée. ©AFP

signalent d'enfant manquant. Si ses proches ne le réclament pas, c'est qu'ils l'ont noyé eux-mêmes, concluent les enquêteurs.

— Il n'y a plus qu'une seule piste plausible, me confient-ils. Celle d'une famille étrangère, peut-être clandestine, qui a cherché à se défaire de lui pour une raison qu'on ignore.

LE PETIT « NOYÉ » A REPRIS DES COULEURS

Vu son physique, l'enfant pourrait être slave, russe ou polonais. Pour l'instant, il repose toujours sur un lit du service de réanimation, inconscient. Avec précaution, un photographe se penche sur lui pour réaliser un premier cliché, rapidement diffusé dans les médias assorti d'un appel à témoigner. Sur l'image, on découvre un visage impassible, aux yeux clos. Le petit « noyé » a repris des couleurs. Mais une canule, maintenue par un sparadrap, dépasse toujours de sa bouche entrouverte. Et son coma se prolonge.

— Quand on nous l'a amené, m'explique un médecin, il avait un litre d'eau dans les poumons. Ne vous étonnez pas si son réveil est difficile.

Finalement, c'est samedi vers 11 heures qu'il ouvre enfin les yeux. Il balbutie quelques mots. Et, troisième coup de théâtre: c'est en français qu'il répond aux questions!

—Peux-tu nous dire ton nom?

—Antoine D.

—Quel âge as-tu?

—Sept ans.

À peine entamé, l'interrogatoire est fini. Grâce à son identité, les gendarmes peuvent facilement retrouver son adresse. Une voiture fonce vers B..., à une trentaine de kilomètres au sud du lac, où vit la mère de l'enfant. Je suis dans leurs roues.

Le bourg ne dépasse pas mille âmes. Madame R. habite à l'écart, dans un lieu-dit. Pour y accéder, les gendarmes traversent une zone marécageuse, aux parcelles inondées, bordées de roseaux.

En frappant à la porte, ils s'attendent à tout sauf à la découverte qu'ils vont faire. Comme personne ne répond, ils finissent par défoncer la porte et comprennent alors pourquoi personne n'a réclamé le gamin. Madame R. est étendue sur le dos au milieu de la salle à manger, dans une large flaque de sang. Elle a été violemment frappée à la tête.

L'isolement des lieux exclut tout témoignage direct sur le drame qui s'est joué ici, dans la nuit de jeudi à vendredi. On peut seulement imaginer que l'enfant a

Le ponton d'où le petit Antoine a été jeté.

> *DANS LE COIN, PERSONNE NE CONNAÎT CE VISAGE ROND ET PÂLE, CES CHEVEUX BLONDS.*

assisté au meurtre de sa mère et que l'assassin a voulu le faire taire. Ou qu'il voulait les supprimer toutes les deux. En tout cas, c'est certainement le même individu qui a tué Madame R. avant d'enlever son fils pour le noyer. Quelqu'un que tous deux connaissaient puisqu'il n'y a aucune trace d'effraction.

Je continue ma promenade au bord de l'eau. Autour de moi, des joggeurs profitent de ce dimanche pour améliorer leur foulée. Moi, je pense à cet affreux voyage que Antoine a fait dans la nuit. Il est en pyjama. L'assassin lui a laissé le temps d'enfiler ses pantoufles. A-t-il vu le corps de sa mère avant d'être emmené ? Devine-t-il les intentions de l'assassin quand il s'arrête près du lac, qu'il longe le petit toboggan ?

C'EST CERTAINEMENT LE MÊME INDIVIDU QUI A TUÉ MADAME R.

Évidemment, le chef de peloton, que je connaissais par ailleurs, n'a accepté de répondre à aucune de ces questions. L'enfant étant vivant, il était tenu à la plus grande discrétion. Moi-même, j'ai pris la liberté de modifier un certain nombre d'éléments afin de protéger son anonymat. Mais toutes ces interrogations n'ont cessé de me tourmenter. Il fallait que je connaisse le fin mot de l'histoire.

Deux ans plus tard, quand s'est ouvert le procès du kidnappeur, j'ai absolument voulu être là. J'ai vu l'enfant arriver. Vous allez croire que j'invente, mais au moment où il est entré, un rayon de soleil filtrant entre deux nuages a subitement illuminé la salle d'assises. Si bien que la silhouette de Antoine, vêtu d'un tee-shirt et d'un pantalon clairs, brillait dans le soleil. On aurait dit une apparition. Un incroyable miracle vivant, ce qu'il est, de fait, comme l'a clairement expliqué le médecin légiste :

— L'enfant a été paralysé par le froid et le choc. D'une certaine manière, l'hydrocution lui a sauvé la vie en bloquant sa respiration et en empêchant ses poumons d'absorber trop d'eau. Son autre chance a été de flotter sur le dos, sans doute grâce à son pyjama qui s'est rempli d'air et a fait office de bouée. Il a pu dériver deux ou trois heures en hypothermie, mais sans manque fatal d'oxygène.

GRAVE, ATTENTIF, À LA BARRE DES TÉMOINS

La troisième chance de Antoine, c'est qu'un retraité insomniaque se soit levé à l'aube ce matin-là : son corps, déjà très refroidi, n'aurait pas tenu plus longtemps.

Il est grave, attentif, à la barre des témoins. Même si je sens que chaque mot lui coûte. Pas facile de raconter la nuit où l'on est mort. Le compagnon de sa mère est venu le réveiller dans sa chambre, explique-t-il. Il a remarqué des traces rouges sur son menton, sans comprendre que c'était des taches de sang. Il lui a ordonné de le suivre. Il a juste le temps d'enfiler ses pantoufles et de traverser la maison, sans remarquer sa mère allongée par terre, dans une flaque de sang, la tête sous un coussin.

—Je vais relire ce que tu as dit aux gendarmes en 2009, ce sera plus facile pour toi, lui dit le président. Tu l'as suivi en pyjama, tu es monté à l'avant de la voiture et tu as attaché ta ceinture, c'est bien ça ?

—Oui.

—Vous avez parlé pendant le trajet ?

—Non.

—Tu avais très peur ?

—Oui.

—Avec sa vieille 205, il t'a conduit jusqu'à la base nautique et il t'a fait avancer sur un ponton. Que s'est-il passé à cet endroit ?

—Il m'a demandé de regarder dans l'eau.

—Et après ?

—Il m'a poussé.

C'est ainsi que les choses se sont passées. L'homme a ordonné à Antoine de se pencher. Il l'a fait basculer en avant. L'enfant est remonté en hurlant à la surface. Alors, l'assassin a posé la main sur sa tête et a appuyé pour le maintenir sous l'eau. C'est seulement quand Antoine s'est arrêté de bouger qu'il s'est éloigné, le laissant dériver, convaincu qu'il était noyé. Le lendemain soir, quand il a appris au journal télévisé que l'enfant était vivant, il a eu cette réflexion : « J'aurais dû lui mettre une pierre dessus... »

ON FAIT ENTRER LE MEURTRIER DANS UN BOX FERMÉ

Pendant que Antoine répond aux questions, on fait entrer discrètement le meurtrier dans un box fermé par une vitre pare-balles. Je remarque que l'avocat

> LE MEURTRIER, PRÉTEND QU'IL A OBÉI À « UNE PULSION SOUDAINE ».

de l'enfant se place de telle sorte qu'il ne puisse pas le voir.

—Tu ne risques rien ici, dit le président à l'enfant. C'est très courageux de ta part d'être venu, tu n'étais pas obligé. Tu sais, pour juger l'accusé, je dois te poser beaucoup de questions... Alors, qu'as-tu entendu lorsque tu étais dans ta chambre ? Des cris ? De qui ?

—Ma maman.

—Elle disait : « Arrête, arrête ! »

—Oui.

—Lorsque le monsieur est entré dans ta chambre, il a allumé la lumière. Il dit qu'il n'avait pas de gants. Mais toi, tu dis qu'il en portait. Tu peux nous dire ce que tu as vu ?

—Il avait des gants quand il est entré dans ma chambre.

—Je vais te montrer un gant de jardinier pour que tu me dises s'il est comme celui de l'accusé.

Le magistrat fait apporter un scellé, un sac de papier kraft, et le déchire.

—C'était un gant comme ça ?

—Oui, c'était ce gant-là, dit Antoine très nerveux.

Si le magistrat attache de l'importance à ce qui me semble un détail, c'est que le meurtrier, dans l'espoir d'éviter la préméditation et une peine à perpétuité, prétend qu'il a obéi à « une pulsion soudaine » quand il a jeté Antoine dans le lac.

L'homme garde les coudes posés sur ses genoux, l'air obtus, des petits yeux fixes voilés par la consommation de drogue. Il n'y a rien à dire sur lui. Que peut-on dire d'un type qui assassine une mère presque sous les yeux de son enfant et qui appuie la tête sous l'eau d'un môme de sept ans ?

Avec les années, je me suis rendu compte que la plupart des assassins étaient taillés sur le même moule : infantiles et stupides. L'homme qui a voulu noyer Antoine n'échappe pas à cette règle : aucuns remords, aucune pitié pour l'enfant qu'il a rendu orphelin. Il tente simplement de lamentables mensonges pour sauver sa peau. Ce qui ne l'empêchera pas d'être condamné à la perpétuité.

Et moi, je suis content d'être venu. Parce qu'en voyant le petit rescapé si fort, je me suis dit qu'il allait s'en sortir, avec l'aide de son grand-père, qui en a la garde. Le miracle continuait. ●

*Une enquête d'***Olivier Robert** *et de* **Michel Mary**

Pistolet électrique,
menottes, adhésif,
le voisin a tout prévu...

RESTE JUSTE À CHOISIR LA FILLE

TOULOUSE
MAI 2014

Un canapé convertible, une table, quatre chaises et une kitchenette : ce n'est pas le grand luxe, mais quand on a 17 ans et qu'on quitte à peine le domicile de ses parents, c'est un palace ! Ce matin, Ariane, étudiante, savoure son nouveau chez-elle, dans la résidence universitaire du Campus des sciences, à Labège, près de Toulouse. Voilà quarante-huit heures qu'elle est installée. Amateure de judo et de boxe, énergique et sportive, elle a le caractère qu'il faut pour devenir pilote d'hélicoptère, le rêve de cette jeune Perpignanaise aux longs cheveux châtain roux.

Le petit ami d'Ariane est venu l'aider à aménager son studio, au 3e étage du Campus. Comme il pleut depuis le matin, les deux jeunes gens restent enfermés, à écouter de la musique. Le « boom-boom » des basses résonne dans le petit couloir blanc où s'alignent les portes rouges des chambres d'étudiant, encore désertes. Vers 16 heures, quelqu'un sonne à sa porte. Ariane ne connaît encore personne ici. Qui peut lui rendre visite ? Elle ouvre et se trouve nez à nez avec un petit gars tout frêle.

— Je suis ton voisin et je vais déménager, dit-il. J'ai des meubles à vendre, ça t'intéresse ? Ariane le remercie, mais elle est occupée. Elle passera plus tard, promet-elle…

ELLE RESSENT UNE HORRIBLE DOULEUR

À 19 heures, le copain d'Ariane s'en va. Et qui sonne juste après ? Le petit voisin de palier ! À croire qu'il écoutait à la porte…

Ariane a maintenant du temps devant elle, alors pourquoi pas voir ces meubles ? Elle le suit dans le couloir en chaussettes.

La porte refermée derrière eux, elle ne voit pas les fameux meubles. En revanche, il y a une odeur de cannabis, un rouleau de chatterton et une paire de menottes sur la table… Ariane n'a pas le temps de flairer le piège qu'une douleur horrible la paralyse ! Sonnée, elle encaisse le choc et parvient à rester sur ses jambes. Le petit voisin se tient derrière elle, un pistolet électrique à la main. Il vient de lui tirer dessus !

— Ne t'inquiète pas, dit-il, je ne vais pas te faire de mal. Je vais juste t'attacher le temps de te cambrioler...

Là-dessus, il presse à nouveau la détente de son arme. Foudroyée par cette seconde décharge, Ariane s'évanouit. Lorsqu'elle revient à elle, elle est allongée sur le lit. Ses mains sont menottées aux barreaux. Une bande d'adhésif est collée sur sa bouche. Son petit voisin n'est pas parti chez elle pour voler. Ce n'était pas son objectif. Son objectif, Ariane le comprend quand il commence à lui déboutonner son jean...

ELLE FEINT L'ÉVANOUISSEMENT

La jeune fille se débat, mais, aussi sportive soit-elle, elle ne peut rien contre un pistolet Taser... Elle reçoit plusieurs autres décharges. Paralysée de souffrance, elle ne peut plus lutter. Le salopard abuse d'elle deux fois. Ariane est consciente, elle fait juste semblant d'être évanouie.

Quand, il en a fini, il lui pince les narines ! Avec son bâillon de scotch, Ariane, qui étouffe, comprend que cette petite ordure est en train de la tuer ! Ses poignets ont beau être fins, elle force tellement dessus qu'elle parvient à briser ses menottes ! Presque dans le même geste, elle balance de toutes ses forces son pied dans l'entrejambe du violeur ! Et pendant qu'il reste plié en deux de douleur, elle bondit et se précipite vers l'extérieur... L'autre la rattrape. La porte se referme sur sa main, lui écrasant les doigts... Elle encaisse une grêle de coups. D'un revers d'ongles, elle inflige une sévère balafre à la joue du type, et, littéralement enragée, finit par réussir à sortir de la chambre. Elle s'élance dans le couloir, sans pantalon, ni culotte. Un simple chemisier ouvert sur le dos... Elle n'est pas tirée d'affaire pour autant. Comme dans un film d'horreur, le violeur, nu lui aussi, la poursuit dans le couloir. Il l'accroche par son chemisier, en arrache tout un morceau, mais elle continue à courir et dévale les escaliers de la résidence. Là voici qui débouche

> *NE T'INQUIÈTE PAS, JE NE VAIS PAS TE FAIRE DE MAL. JE VAIS JUSTE T'ATTACHER LE TEMPS DE TE CAMBRIOLER.*

dans le hall, qui pousse la porte de l'immeuble. Elle se retrouve sur le trottoir, sous la pluie, hirsute, nue, en pleurs, le visage marqué de coups. Son violeur, lui, a disparu.

Arrive une étudiante. Ariane se jette dans ses bras en sanglotant :

— Je viens de me faire violer ! Il est encore là, en haut…

La jeune fille est bientôt à l'abri, chez des jeunes qui logent au rez-de-chaussée. On lui donne une couverture dans laquelle elle s'enroule, tremblante. Alertés, les gendarmes se rendent tout droit à l'appartement du violeur, qui évidemment n'y est plus. Alors qu'ils fouillent les bâtiments, l'un d'eux voit passer un garçon habillé de frais, qui quitte la résidence d'un pas tranquille. Mais un détail attire son œil : l'énorme griffure qui barre une de ses joues…

Interpellé, Alexy C., étudiant en informatique, reconnaît les faits.

UN JEUNE HOMME PARFAIT

Désormais âgé de 23 ans, il en paraît toujours 18, quand il comparaît devant la cour d'assises de Haute-Garonne. Élève brillant ayant obtenu son bac avec la mention « très bien », il n'avait jamais fait parler de lui avant cette agression. Reçu troisième dans une grande école d'ingénieurs, malgré les vingt heures qu'il passait chaque semaine à travailler dans un restaurant pour financer ses études, Alexy C était le fils que tous les parents rêveraient d'avoir. Ses proches, présents dans la salle, n'en reviennent pas de le voir devant une cour d'assises.

Est-ce sa rupture récente avec sa copine, qui l'a rendu cinglé ? Depuis, Alexy restait enfermé chez lui à fumer du cannabis en regardant des images pornos. Pour la justice, la préméditation ne fait aucun doute. Le ruban d'adhésif, les menottes, le pistolet électrique sont exposés dans la salle d'audience. Sur Google, l'accusé tapait des recherches comme : « Combien de temps le sperme peut-il être identifié dans un cadavre ? » et « Comment faire disparaître un corps ? »…

Dans le plan qu'il avait formé, il n'y avait qu'une seule inconnue : qui sera la victime ? C'est le hasard qui en a décidé. À la barre, Ariane raconte posément ce qui lui est arrivé, sans larmes ni haine. Le pire, dit-elle, n'a pas été le viol en lui-même, mais la peur de mourir. Car Alexy C. a bel et bien tenté de l'étouffer en lui bouchant le nez. Si elle avait été un tout petit peu moins combative, plus faible, tout était fini pour elle. Et peut-être n'aurait-on jamais retrouvé son corps.

Alexy C. est-il un étudiant paumé digne de pardon ? Ou un pervers criminel susceptible de récidiver ? Les jurés ont retenu la seconde hypothèse en le condamnant à quatorze ans de prison.

Reste pour Ariane à poursuivre sa vie, malgré l'horreur de ce qu'elle a subi. Courageusement, elle a repris ses cours seulement deux semaines après l'agression. Et, malgré des crises d'angoisse qui lui ont fait perdre une année d'études, elle n'a pas renoncé à devenir pilote d'hélicoptère. Son bourreau n'a pas réussi à briser son rêve.

Une enquête de **Mathieu Fourquet**

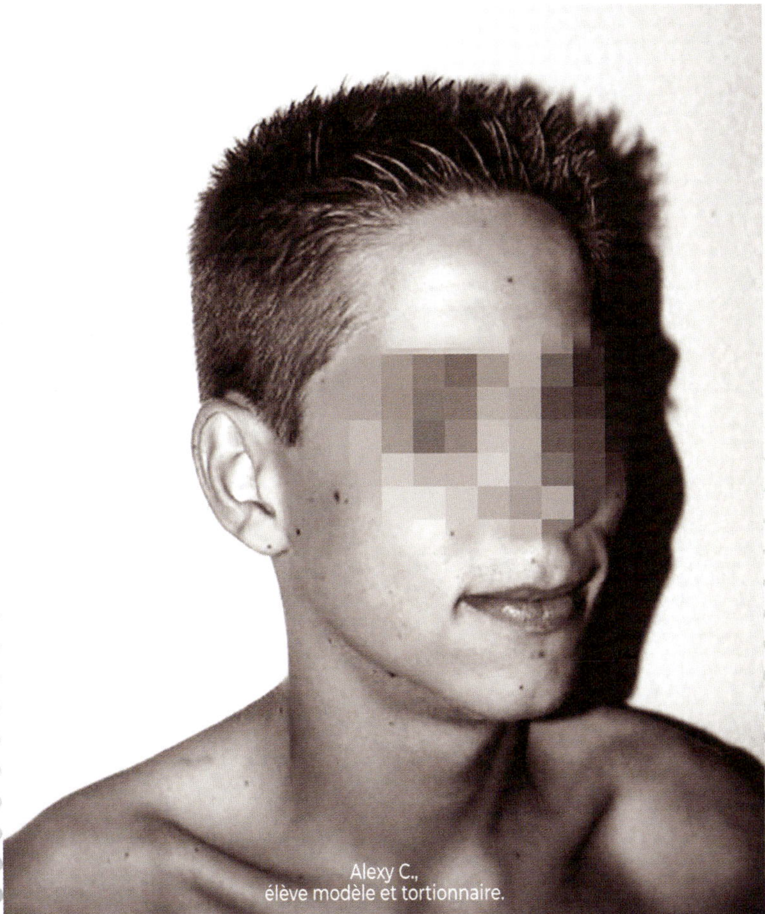

Alexy C.,
élève modèle et tortionnaire.

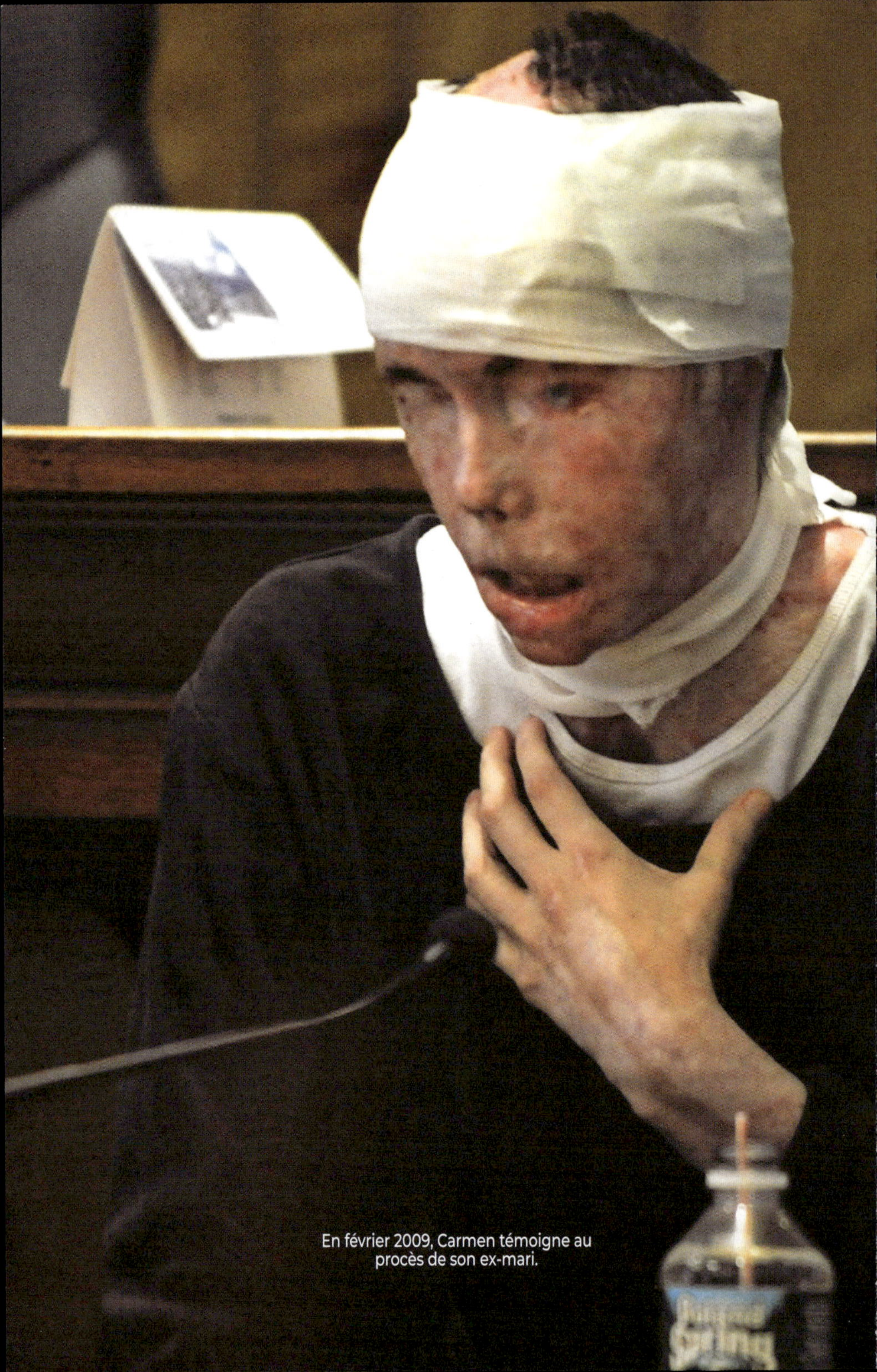

En février 2009, Carmen témoigne au procès de son ex-mari.

Le jour où un homme
lui a dit « je t'aime »

L'INCROYABLE DESTIN DE CARMEN TARLETON

Cette histoire est dédiée à toutes celles et tous ceux que leur apparence physique interdit d'aimer.

THETFORD

Juin 2007

Les voix des passagers qui discutent, celles qui annoncent les arrêts, le bruit du trafic en fond sonore... Assise à l'arrière du bus, Carmen Tarleton, sa canne blanche posée à son côté, écoute le monde autour d'elle et s'imagine les visages, les couleurs, les formes... Sa sœur Kess, qui voyage avec elle, lui décrit les devantures, la rue... Soudain, une voix d'enfant jaillit dans le bus :

— Papa, papa, fais-la partir, s'il te plaît ! Fais partir la dame ! Elle me fait peur !

Carmen se tourne en direction du petit garçon et lui dit qu'il ne doit pas avoir peur d'elle, qu'elle n'est pas un monstre, qu'elle est une maman comme une autre...

— Carm', lui dit sa sœur en lui pressant le bras, il ne peut pas t'entendre, son père l'a emmené à l'autre bout du bus.

Carmen s'enfonce dans son siège.

— Jésus. Je fais peur aux enfants, maintenant ? demande-t-elle à sa sœur. Dis-moi, de quoi ai-je l'air ?

ELLE VIVAIT UNE VIE HEUREUSE

Carmen Tarleton n'a pas toujours fait peur aux enfants. Petite brune au sourire contagieux, infirmière dans un hôpital de la petite ville de Thetford, dans le Vermont, mère de deux adolescentes, elle vivait une vie heureuse et tout ce qu'il y a de plus normal. Jusqu'au 10 juin 2007.

Cette nuit-là, il est un peu plus de 2 h 30 lorsqu'elle est réveillée par un bruit de verre brisé. Elle se lève. À quelques mètres devant elle, dans le salon, la silhouette de son ex se découpe dans l'obscurité. Il l'attrape, la gifle violemment, la plaque à terre et la roue de coups.

— Herb' ! Qu'est-ce que tu fais ?

Ils se sont séparés il y a trois mois, après neuf années de vie commune. Malgré sa carrure impressionnante, Herbert Rodgers a toujours été un type paisible, même au moment de leur rupture, quand il a dû emménager ailleurs. Jamais il n'avait levé la main sur Carmen ni sur leurs filles. C'était inconcevable.

> **CE QU'IL S'APPRÊTE À FAIRE EST BIEN PIRE QUE LE PIRE DES PASSAGES À TABAC...**

Il s'arrête soudain de frapper et se redresse. Carmen reprend son souffle. Mais le revoilà, cette fois, armé d'une batte de base-ball ! Le premier coup s'abat, Carmen entend un craquement sourd. Elle hurle de douleur. Infirmière, elle diagnostique immédiatement une fracture. Puis c'est le noir.

Lorsqu'elle reprend connaissance, elle est allongée sur le carrelage de la salle de bains, les mains attachées dans le dos. Herbert la regarde, debout au-dessus d'elle. De l'autre côté de la porte fermée, elle entend les cris de ses filles.

— N'entrez pas ! Allez-vous-en, vite, allez prévenir la police ! Partez ! hurle-t-elle avant que son ex la fasse taire en lui serrant la gorge.

— Si tu la fermes, j'arrêterai de te frapper, dit-il.

Et, effectivement, Herbert Rodgers ne la bat plus. Mais ce qu'il s'apprête à faire est bien pire que le pire des passages à tabac... Il retourne son ancienne compagne sur le ventre et la viole avec la batte de base-ball. Carmen perd connaissance une deuxième fois. Lorsqu'elle revient à elle, il est toujours près d'elle, mais il lui tourne dos.

— Il faut que tu partes maintenant, Herb', la police va arriver, tente-t-elle.

Il se retourne. Il tient une bouteille transparente, remplie d'un liquide clair. Qu'est-ce que c'est ? De l'essence ? De l'acide ? Carmen sent la mixture couler sur son visage, sa bouche, son corps... Une odeur aigre. Soudain, la porte vole en éclats.

— Police ! À genoux, les mains en l'air !

Rodgers se laisse emmener sans résister. Carmen, elle, a l'impression de brûler de l'intérieur. Elle implore les policiers pour qu'ils l'aspergent d'eau froide. Malheureusement, il est trop tard. L'existence normale que Carmen Tarleton a menée pendant trente-neuf années s'achève à cet instant.

ENFERMÉE DANS LA SALLE DE BAINS, ELLE SE SAISIT D'UN PETIT MIROIR ET RESPIRE UN GRAND COUP.

« TU N'AS PLUS D'OREILLE GAUCHE »

Lorsqu'elle émerge après trois mois et demi de coma, il faut bien lui dire la vérité : brûlée à la soude sur plus de 80 % du corps, elle a perdu la vue et est atrocement défigurée. Les premiers temps, gavée d'antidouleur, flottant dans une demi-conscience, Carmen ne réalise pas vraiment ce que « défigurée » signifie. Elle imagine des cicatrices, des marques sur le visage... Jusqu'au jour où elle demande à sa sœur Kess pourquoi celle-ci s'obstine à toujours placer le combiné téléphonique sur son oreille droite.

— Change de côté, Kess.

— Je ne peux pas.

— J'ai mal à l'oreille droite, mets-le à gauche s'il te plaît.

— C'est que... Carm'... Tu n'as plus d'oreille gauche !

— Je n'ai plus d'oreille gauche ? Des cicatrices et des blessures, l'ancienne infirmière en a vu des centaines dans sa vie. Mais des personnes brûlées à la soude, jamais. À son chevet, ses filles, Liza et Hannah, sa sœur, ses parents, tous se comportent comme si de rien était. Pourtant, Carmen s'en doute bien, si l'une de ses oreilles a « disparu », le reste de son corps et de son visage doit être à l'avenant...

De retour chez elle après six mois d'hôpital, elle commence une nouvelle vie, si l'on peut appeler cela une vie. Carmen lutte d'abord pour retrouver un semblant d'autonomie. Ses deux filles se dévouent, l'accompagnent à Boston, où elle est régulièrement opérée. Cette longue et douloureuse convalescence va être bousculée par deux événements majeurs, au printemps 2009.

UN CRI RETENTIT DANS LA PETITE MAISON

C'est tout d'abord le procès d'Herbert Rodgers qui s'ouvre à Orange County. Carmen est venue en compagnie de leurs deux filles. Lorsqu'elle apparaît pour témoigner, elle sent dans le silence de la salle un malaise. Son ex est là, à quelques mètres. Finalement condamné à trente années d'emprisonnement, il aura ces mots dérisoires en conclusion des débats.

Carmen et Sheldon, son compagnon, peu après la greffe.
Avec le temps, le nouveau visage de Carmen gagnera en mobilité.

— Désolé, Carmen, tu ne méritais pas ça.

Une autre échéance attend la jeune femme deux mois plus tard, en avril 2009. À Boston, elle subit une énième opération (la trente-cinquième en deux ans!) pour réparer la cornée de son œil droit. Et, dix jours plus tard, un cri retentit dans la petite maison de Thetford. Liza et Hannah accourent auprès de leur mère.

— Je vois! Je vous vois!

Le miracle s'est produit. Après deux ans passés dans le noir, Carmen peut à nouveau contempler le sourire de ses filles. Mais, après les larmes de joie et les embrassades, le moment est venu pour elle d'affronter la vision qui l'obsède depuis sa sortie du coma: son propre reflet.

DANS LE REFLET, ELLE A DU MAL À COMPRENDRE

Enfermée dans la salle de bains, elle se saisit d'un petit miroir et respire un grand coup. Elle se souvient des pleurs de cet enfant, terrorisé par son visage, lors d'un trajet en bus, il y a quelques mois. Il y a aussi cet avertissement au journal télévisé, au moment du procès, juste avant de diffuser les images *« de cette pauvre femme victime d'une agression à la soude, des images qui peuvent choquer la sensibilité des plus jeunes... »*

Dans le reflet, elle a d'abord du mal à comprendre ce qu'elle voit, comme elle le confiera. C'est sa peau, cette masse blanchâtre, striée, creusée, gonflée par d'innombrables cicatrices? Un nez rogné, une oreille qui manque, des yeux blancs, des lèvres rouge sang, un cuir chevelu à moitié scalpé… Carmen repose le miroir, le souffle court. Elle ne sait pas qui est cette personne qu'elle vient de voir dans le miroir, mais ce n'est pas elle. L'ancienne Carmen est morte.

Comment ses enfants ont-ils pu s'habituer à cette image horrifique, comment ont-ils eu le courage de serrer dans leurs bras, d'embrasser cet épouvantail recouvert d'un patchwork de lambeaux de peau dégoûtants ?

Le jour suivant, elle s'efforce de rester trente secondes devant le miroir, une pause, une respiration… Le surlendemain, quarante-cinq secondes, une pause, des larmes, une respiration… L'épreuve est terrible, mais nécessaire.

Petit à petit, elle se résigne. Elle a la chance d'être en vie, de pouvoir voir ses filles grandir et s'épanouir. Ça doit lui suffire : profiter à fond de ce que le bon Dieu lui a laissé – une famille qui l'aime et ne l'abandonne pas.

UN ÉVÉNEMENT VA FAIRE BASCULER SON DESTIN

Carmen aurait pu continuer longtemps à vivre de cette façon. Mais, en décembre 2012, un événement va faire basculer son destin.

Lorsqu'elle était aveugle, Carmen s'est réfugiée dans la musique et y a pris goût. Elle décide de s'inscrire à des leçons de piano. Un professeur se présente un après-midi chez elle, peu avant Noël. Il s'appelle Sheldon Stein, un homme d'une soixantaine d'années. Contrairement à la plupart des gens qui la rencontrent pour la première fois, Sheldon ne semble pas effrayé par son visage. Il lui parle d'une voix naturelle, souriant, sans détourner le regard. Comme le font ses filles.

Dès la première leçon, la survivante, qui vient de fêter ses 45 ans, est bouleversée par la sensibilité du musicien. Certains morceaux leur inspirent les mêmes émotions. Entre le professeur et l'élève, une amitié naît. Mais, pour Carmen, est-ce seulement de l'amitié ?

Elle attend chaque cours de piano avec une fébrilité qui l'étonne elle-même. Elle qui était pourtant persuadée de ne plus jamais ressentir ce genre d'émotion, il semblerait qu'elle soit… amoureuse !

Mais, elle le sait bien, l'amour lui est interdit. Il faut qu'elle cesse de penser à Sheldon Stein. Et, si c'est impossible, il faut qu'elle arrête ces leçons de piano qui la rendent trop fébriles. Elle doit reprendre sa vie paisible de monstre solitaire. Sinon, elle va trop souffrir.

Or, un matin de février 2013, alors qu'elle s'escrime sur la *Sonate au clair de lune* de Beethoven, Sheldon l'interrompt en posant sa main sur la sienne. Il la regarde intensément, à quelques centimètres d'elle. Comment peut-il ne pas voir ce chaos de chair qui ôte à Carmen tout visage humain ? Ce qu'elle lit dans le regard de Sheldon, ce n'est ni de l'amitié ni de l'affection, encore moins de la pitié ni du dégoût, c'est autre chose… Le professeur s'approche et dépose un baiser timide sur ses lèvres, avant de lui déclarer ces mots incroyables :

— Désolé, Carmen, mais je ne pouvais plus résister à l'envie de t'embrasser.

Sheldon lui prend la main et apaise ses doutes. Il l'aime. Tout simplement. Complètement déstabilisée par cette déclaration, Carmen passe les jours suivants à réfléchir… Sheldon a beau lui assurer qu'il aime son cœur, sa personnalité, son humour, lui répéter que ni son visage ni son corps ne le dérangent, elle passe trois nuits d'insomnie à ressasser cette situation aussi merveilleuse que terrifiante. Puis, finalement, elle prend une décision radicale : elle s'inscrit sur la liste des candidats à une greffe du visage. Elle avait longtemps refusé cette possibilité, redoutant l'opération – très longue – et surtout les complications liées à un éventuel rejet de la greffe. Mais, dorénavant, les choses ont changé. Elle ne veut plus de ce visage aux nerfs sensitifs détruits… Elle est prête à tenter l'aventure, à courir tous les risques, avec l'énergie que donne l'amour.

SOURIRE, SENTIR ET RESSENTIR À NOUVEAU

Le 25 octobre 2013, Carmen Tarleton s'est présentée devant la presse américaine dans une salle de l'hôpital de Brigham, à Boston. En compagnie des trente médecins et chirurgiens qui ont participé à l'opération (qui aura duré 50 heures !), elle a souhaité présenter publiquement son nouveau visage. Ce visage qu'elle porte, c'est celui de Cheryl Righter, une femme de 56 ans morte en février d'une crise cardiaque.

Cette conférence de presse est un moyen pour Carmen d'envoyer un message d'espoir à toutes les personnes qui s'imaginent que leur apparence leur interdit d'aimer.

Pour ses proches comme pour elle, un temps d'adaptation sera nécessaire, mais, désormais, Carmen peut sourire, exprimer des émotions et surtout, sentir et ressentir. À la fin de la conférence de presse, Sheldon s'est approché d'elle et l'a embrassée. À cet instant, chacun a pu constater la réussite de la greffe sur Carmen : ses joues sont devenues roses… ●

Carmen Tarleton raconte son histoire dans* Overcome: Burned, Blinded and Blessed, *paru aux États-Unis.

Une enquête de notre **correspondant**

Zacharie n'a pas été pris en charge assez vite. Il avait 10 ans.

BRÈVES

MORT PARCE QU'IL HABITAIT DANS LE 9.3

C'était la nuit. Ni le Samu ni les pompiers n'ont osé entrer dans la cité dangereuse...

ÉPINAY-SUR-SEINE
Août 2014

Un caprice ? Lorsque Zacharie, son fils de 10 ans, se plaint ce soir-là d'avoir mal au ventre, Monique Coulibaly ne dramatise pas. Des « bobos », cette mère de quatre enfants animatrice dans une école maternelle en a vu d'autres. Mais, au cours de la nuit, Zacharie a de plus en plus mal. Sportif, passionné de judo, le garçon, qui doit rentrer en 6e, n'a pas l'habitude de geindre pour rien. Le samedi matin, sa mère l'emmène voir un médecin.

— C'est peut-être une gastro, dit le toubib. On va surveiller ça...

Mais à 2 heures du matin, le dimanche, la douleur a empiré. Affolés, Monique et son mari appellent les pompiers, qui les renvoient sur le Samu.

— Ce n'est pas grave, assure le répartiteur du Samu 93. Mais si vous êtes inquiète, amenez-le à l'hôpital Delafontaine, c'est le plus proche de chez vous.

— À cette heure-ci, il n'y a pas de bus, pas de train!

— Prenez un taxi.

Et il raccroche. Zacharie est pris de convulsions. Monique appelle une compagnie de taxi.

— La cité d'Orgemont à Épinay-sur-Seine, désolé, nous n'y allons pas la nuit...

Une seconde société décline la course. Voilà donc la vraie raison du refus des pompiers et du Samu: il y a certains endroits, en France, où l'on n'ose plus s'aventurer, même si un enfant est en danger.

À 3 heures, Monique et son mari décident d'aller à pied à l'hôpital, situé à huit kilomètres. Les voilà qui courent dans les rues désertes, portant leur garçon de huit ans. Au bout d'une demi-heure, ils voient des phares qui se rapprochent. C'est un taxi! Monique se jette au milieu de la chaussée pour lui barrer la route. Le chauffeur explique qu'il n'est pas libre, qu'il a des clients. Les passagers, touchés, proposent de céder leur place et de continuer eux-mêmes à pied. Ce sera le seul geste d'humanité dans cette nuit terrible.

Le taxi fonce vers l'hôpital. Il est plus de 5 heures lorsque Zacharie est pris en charge. Une échographie révèle une poche de liquide au niveau de l'abdomen.

— C'est une appendicite, diagnostique l'interne. Le chirurgien est prévenu.

Mais à 9 heures du matin, aucun médecin n'a encore vu Zacharie.

— Maman, ne m'abandonne pas, supplie l'enfant.

Il étouffe. Il y a un mouvement de panique dans la chambre. Le chirurgien se présente enfin, mais trop tard. L'électrocardiogramme est plat. Zacharie est mort.

— Je n'ai plus de larmes, j'ai trop pleuré, murmure Monique, qui a porté plainte. Personne n'a voulu nous secourir à cause de notre adresse. Ce n'est pourtant pas la brousse, ici!

Né en France, Zacharie sera inhumé au Mali, le pays de son père.

— Je voulais qu'il voie un jour l'Afrique, lâche Monique dans un dernier sanglot. Mais je n'avais jamais imaginé que ce serait dans un cercueil. ●

*Une enquête d'***Axelle Winieux**

SON VOISIN SE MEURT, IL VA DÎNER !

MONTSEC
Mars 2014

Qu'est-ce qui lui arrive, à Armand ? Lui encore si costaud à 82 ans, voilà que ses jambes flanchent. Il tente bien de s'accrocher à la rampe de l'escalier, mais rien à faire, il se retrouve par terre, en travers des marches qui descendent à la buanderie. Quand il reprend conscience, la nuit descend.

Armand a eu son malaise chez lui, à Montsec – dans la Meuse –, un hameau de 90 habitants, dans la maison où il est né. Et c'est là qu'il mourra, il le sait, mais il n'est pas pressé, ni inquiet, d'ailleurs : son locataire, Jean-Claude, va bientôt rentrer et il l'aidera à se relever.

Justement, il entend ses pas.

— Oh, je suis là ! crie Armand.

L'autre se penche pour l'aider à se relever... Mais Jean-Claude, qui a lui-même 68 ans, ne parvient pas à bouger le blessé. Il s'éloigne et gagne la partie de la maison qu'il loue. On suppose qu'il prend le temps de dîner avant de revenir auprès d'Armand pour essayer une nouvelle fois de l'aider. Sans succès. Et finalement, vers 23 heures, il va se coucher, tout bonnement. La nuit s'écoule. Le lendemain, Jean-Claude croise par hasard le maire de Montsec dans la rue.

— Ah, puisque je vous vois... Faut que je vous dise que votre oncle est tombé dans l'escalier.

— Quoi ?

Le maire fonce chez Armand, le trouve inconscient sur les marches. Le vieux monsieur est transporté à l'hôpital de Verdun, mais c'est trop tard. Il meurt dans la soirée.

Aux gendarmes, Jean-Claude a expliqué qu'il ne connaissait pas le numéro des pompiers. C'était sans doute une bonne raison pour ne rien faire. Poursuivi pour non-assistance à personne en danger, il a intérêt à raser les murs, à Montsec. ●

Une enquête de notre **correspondant**

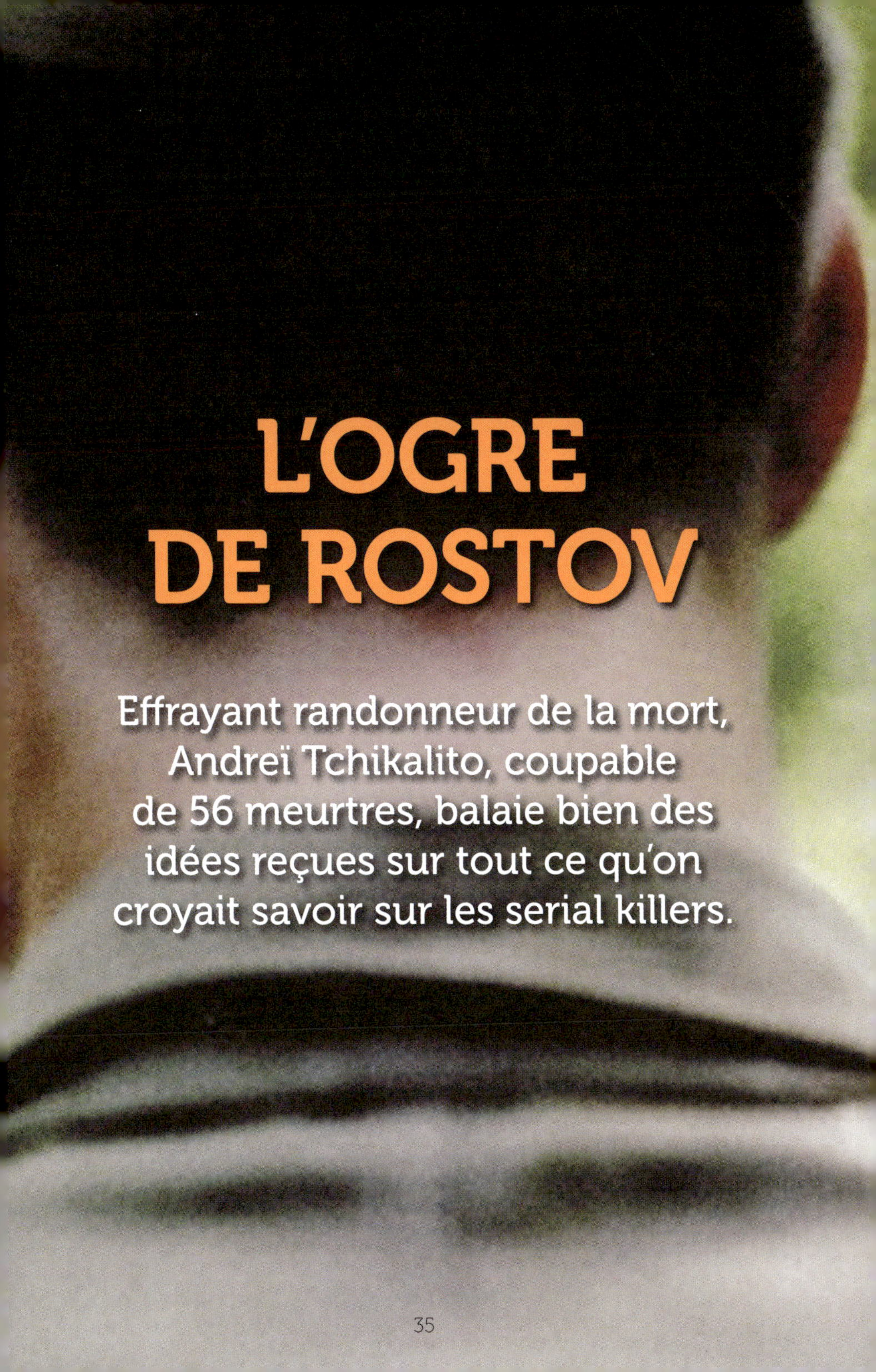

L'OGRE DE ROSTOV

Effrayant randonneur de la mort, Andreï Tchikalito, coupable de 56 meurtres, balaie bien des idées reçues sur tout ce qu'on croyait savoir sur les serial killers.

ROSTOV
Septembre 2012

Un sommeil sans rêves et surtout, sans cauchemars. En se réveillant, Viktor met un certain temps à comprendre où il se trouve. Les murs bleu pâle de la pièce ne sont pas ceux de son appartement de Rostov, pas plus que le visage penché au-dessus de lui n'est celui d'Elena, sa femme. Non, Elena n'a pas la tête d'un homme aux cheveux ras, ni le visage barré d'une grosse paire de lunettes carrées...

— Monsieur Burakov ? Comment vous sentez-vous ?

— Pas trop mal. J'ai dormi longtemps ?

— Un peu plus de trois jours. Vous avez bien meilleure mine qu'en arrivant ici, vous vous souvenez ?

Viktor se souvient, effectivement. Il se sentait faible comme un vieillard, au point de peiner à gravir les trois marches pour rentrer chez lui.

C'est sa femme qui l'a poussé à venir se faire soigner ici, à l'hôpital central de Rostov. Le diagnostic l'a surpris : dépression nerveuse. Lui, l'expert en arts martiaux au torse de géant, le flic star qui sert de modèle à toute une jeune génération ! Difficile à admettre, même s'il se sentait à bout de nerfs, incapable de penser à autre chose qu'à cette foutue enquête, à ces images de cadavres aux seins amputés, aux yeux crevés, aux parties génitales mutilées...

— On va vous garder en observation quelque temps, Monsieur Burakov. Vous avez encore besoin de sommeil et de repos, dit le médecin.

Se reposer ? Viktor Burakov est un policier obstiné. Le médecin parti, il se soulève sur ses oreillers, attrape l'épais dossier qu'il s'est fait apporter dans sa chambre d'hôpital. Les premières pages sont consacrées à l'affaire Olga Stamalchenok, une fillette de 10 ans. Sous son adorable visage couvert de taches de rousseur, ces simples mots : « Victime n° 4 ».

> *NATACHA, MARTA, DIMITRI, TATIANA, LES NOMS DES VICTIMES DÉFILENT, LES ANNÉES AUSSI... QUE DE TEMPS PERDU.*

Pour elle, l'horreur a commencé le samedi 11 décembre 1982. Il est 17 heures et il fait déjà nuit noire sur la petite ville minière de Novochakhtinsk, située à une soixantaine de kilomètres au nord de Rostov. Olga attend le bus pour rentrer chez elle. Malgré son manteau de laine et ses gants, la fillette est transie de froid. Un passant la voit se balancer d'un pied sur l'autre, en tapant ses souliers pour se réchauffer. L'homme, qui sera le seul témoin de l'affaire « N04 », remarque qu'il y a quelqu'un d'autre sous l'abri décrépi de l'arrêt de bus. Un individu d'un certain âge, grand maigre, coiffé d'une chapka vert bouteille enfoncée sur les oreilles.

« QUELLE CHANCE QUE CE GENTIL GRAND-PÈRE SOIT LÀ ! »

Ce qui se passe ensuite, quand l'unique témoin disparaît à l'horizon ? On ne peut que l'imaginer. Olga avait froid, c'était la première fois que ses parents la laissaient rentrer seule de sa leçon de piano, et comme par un fait exprès, le bus avait une demi-heure de retard – ce point a été vérifié. La fillette a-t-elle craint que ses parents ne s'inquiètent ? En tout cas, elle a suivi l'homme à pied, comme en témoignent leurs quatre empreintes de pas relevées plus tard sur la neige.

L'individu quitte la route et entraîne l'enfant à travers champs. Sans doute a-t-il prétendu qu'il s'agissait d'un raccourci, et que par ce chemin de traverse, elle arriverait vite chez sa maman, bien avant le bus. L'homme et l'enfant s'engagent dans un petit chemin qui s'enfonce dans les bois, à la lisière du champ.

Il devait y faire sombre. Mais d'où ils se trouvaient, en se retournant, Olga aurait pu voir la petite lumière de l'arrêt de bus brillant au loin, et peut-être les phares du bus lui-même qui arrivait enfin.

Mais elle n'y montera jamais, pas plus dans celui-là que dans un autre. Car les pas d'Olga s'arrêtent ici, à la lisière du bois. On retrouvera la neige tachée de sang et seulement deux empreintes de pas, des pas d'homme, davantage enfoncés dans la poudreuse, comme s'il portait un fardeau.

Le martyre d'Olga , dont on retrouvera les restes plus loin, est inscrit dans ses chairs. L'homme lui a lacéré les deux yeux, d'une seule longue balafre de son couteau. Profitant sans doute que la fillette hurlait, la bouche grande ouverte, il lui a sectionné la langue avec ses dents.

Olga ne pouvait plus crier, plus voir, mais elle pouvait sentir. Sentir les mains de l'homme, frénétiques, qui lui arrachaient ses vêtements ; sentit le sang chaud couler le long de ses joues et dans sa gorge ; le froid mordre sa peau nue. Puis une autre morsure, celle du couteau qui s'est abattu, une fois, deux fois, trois fois... Jusqu'à ce que ce qu'enfin elle ne sente plus rien. Ni le froid, ni la peur, ni la douleur.

« NOS ENFANTS SE FONT DÉVORER »

Viktor tourne d'autres pages de l'épais dossier. Natacha, Marta, Dimitri, Alexandre, Tatiana, Ludmila... Les années défilent : 1984, 1985, 1986, etc. Tout ce temps perdu, tous ces morts... N° 7, n° 14, n° 23, n° 28... Enfin, il arrive au cas Ivan Fomine.

21 septembre 1988. Le téléphone de Viktor sonne à 2 heures du matin. Elena se retourne dans le lit. Viktor décroche, murmure qu'il arrive. Comme un automate, il enfile ses bottes, sa parka, ses gants. Toujours les mêmes gestes. Ensuite il lui faut gratter de longues minutes le pare-brise gelé, espérer que le moteur de la Lada veuille bien démarrer, sortir de la ville, rouler longtemps, en sachant très bien ce qu'il va trouver.

Cette fois, le sacrifice humain a été perpétré au bord d'une rivière, le Don, dans une zone forestière. Première mauvaise surprise : une foule de badauds est déjà agglutinée tout autour du périmètre de sécurité. À une heure pareille ! Viktor se gare derrière les autres voitures de police et à peine a-t-il posé le pied à terre que les gens l'interpellent :

— Camarade inspecteur ! Camarade inspecteur ! Comment s'appelle la victime ?

Mon fils n'est pas rentré ce soir !

— Et moi, c'est ma fille ! Dites-nous, on veut savoir !

— C'est encore l'ogre, c'est ça ?

— Quand est-ce que vous allez l'arrêter ?

Dans les rangs du fond, une femme hurle :

— Bons à rien ! Pendant que vous vous tournez les pouces à Moscou, nos enfants se font dévorer comme des animaux, ici !

> *ET SI C'ÉTAIT MOI LE TUEUR ? ET SI, LA NUIT, J'ÉTAIS SOMNAMBULE ?*

Viktor passe sous le cordon de sécurité sans un regard vers ces pauvres gens. Cela fait six ans que « l'ogre », comme ils l'appellent, frappe au hasard enfants, adolescents, prostituées, filles, garçons... Qu'est-ce que Viktor pourrait répondre, à cette foule ? Que les seuls indices dont il dispose sont un groupe sanguin et une vague description d'un individu grand et maigre ?

Tête baissée pour se protéger du vent qui souffle, Viktor chemine péniblement le long de la rivière, de la boue jusqu'aux chevilles. Il sait pertinemment ce qu'il va voir, dans quelques secondes. Une nouvelle boucherie, un corps transformé en peinture abstraite, monochrome rouge sanguinolent.

LE CORPS D'UN PETIT GARÇON APPARAÎT

Sur la berge, le cercle des policiers s'ouvre silencieusement pour le laisser passer. Dans la lumière des torches, entre les roseaux, le corps d'un petit garçon apparaît, la peau d'un bleu livide, maculée de boue et de caillots de sang noir. Il devait avoir 7 ou 8 ans. Toutes les parties de son corps sont lardées de coups de couteau et, comme d'habitude, le tueur s'est particulièrement acharné sur les organes génitaux du gamin, amputant le pénis, les testicules. Les yeux, une fois de plus, ont été lacérés. Quel numéro pour ce pauvre gamin ? Depuis le début de l'année 1986, le rythme du tueur s'est accéléré. C'est presque un cadavre par semaine que l'on ramasse. En regardant le corps affreusement mutilé du petit Ivan, Viktor a la tête qui tourne, une vive douleur lui compresse la poitrine, ses pieds glissent dans la boue. Il perd connaissance. Et le voici dans un lit de l'hôpital central de Rostov, revêtu de la simple chemise bleue des patients.

— Tout va bien, Viktor ?

Ces photos sont tirées du film *Evilenko*, inspiré des crimes de Tchikatilo. Avec l'aimable autorisation du réalisateur David Grieco.

La voix du docteur ramène le policer à la réalité. Il referme son dossier.

— Oui, oui, je me sens beaucoup mieux. Dites-moi, je peux vous poser une question ?

— Certainement.

— Vous prenez le train pour venir ici ?

— Oui, matin et soir.

— Vous n'auriez pas un plan des lignes de Rostov, par hasard ?

Après sept années passées à courir après le tueur, Viktor pense avoir trouvé enfin quelque chose. Comment n'y a-t-il pas pensé plus tôt ? ? La solution était là, sous ses yeux, quasiment depuis le début. Mais lui et ses collègues ont pensé à l'envers. Ils se sont concentrés sur l'endroit de la découverte des corps. La plupart du temps des bois, des champs, des zones isolées à l'écart de la ville. Ils en ont conclu que le terrain ce chasse du pervers était la campagne. Mais non ! C'est tout le contraire. Il aurait suffi de rebrousser chemin pour trouver la solution. Plus de la moitié des trente-trois victimes recensées empruntaient régulièrement « l'Elektrichka », le train de banlieue qui dessert Rostov et ses environs. C'est ça, la clé. L'ogre chasse dans les gares !

Dès sa sortie de l'hôpital, Viktor expose son plan à ses supérieurs : en plaçant des dizaines d'hommes en uniforme, bien visibles, dans les principales gares de Rostov, on poussera le tueur à se rabattre sur les petites stations. L'homme sera d'autant moins méfiant qu'il les croira sans surveillance. Or ces petites gares seront truffées de policiers en civil...

Au même moment, comme si le tueur avait compris que l'étau se resserrait sur lui, le rythme des meurtres s'accélère avec une frénésie abominable. Avril : Lioubov, une femme de 32 ans, est retrouvée à la lisière d'une forêt de Rostov, les chairs tant déchirées qu'on pourrait croire qu'elle est passée sous un broyeur. Juin : Vitia, un garçon de 11 ans, est assassiné près de la gare de Novotcherkassk. Août : c'est au tour de Vania, 9 ans, de tomber dans les griffes du tueur, sur une plage d'Aksay...

ÉTRANGE MANÈGE DANS LA GARE

> *L'ANALYSE DU SANG FAIT VOLER EN ÉCLATS TOUTES LES CERTITUDES.*

À Moscou, on commence à s'impatienter : le piège de Viktor Burakov est en place depuis près de quatre mois et pourtant, la liste des victimes ne cesse d'augmenter. Le policier parcourt des centaines de kilomètres chaque mois, par tous les temps, pour regonfler le moral de ses hommes en planque. Au mois de novembre, il se trouve dans la petite station champêtre de Donleshkhov. C'est là qu'on a trouvé, il y a quelques jours, le cadavre ravagé de Vadim, un vagabond d'une quinzaine d'années. Quelqu'un a dû forcément voir quelque chose ! Viktor Burakov entre sans frapper dans le bureau du chef de poste et gueule un bon coup :

— Le tueur a frappé sous vos yeux et vous n'avez rien vu ?

Il arrache des mains du policier de garde les rapports des jours précédents et tourne les pages frénétiquement. Les noms des personnes dont les identités ont été relevées défilent : Ivanov, Petrov, Miaïshkine... Et soudain, Viktor a comme un flash. Un nom, dans la liste, lui dit quelque chose.

Tchikatilo. Andreï Romanovitch Tchikatilo. Il lit la case « observations » accolée au nom : « 6 novembre, 17 heures L'individu a été vu sortant des bois, une mallette à la main. S'est arrêté à la fontaine pour laver ses mains et ses chaussures. Papiers en règle. Parti dans le train de 17 h 16 en direction de Rostov. » Suit son adresse, à Rostov. « Tchikatilo »... Viktor se souvient parfaitement de ce nom !

C'était il y a six ans, en août 1984. Un policier en congé repère, à la station de bus de Rostov, l'étrange manège d'un homme bien habillé, portant une mallette et chaussé de lunettes. L'individu se promène dans la gare routière, engageant la conversation avec des jeunes femmes. En cas de rebuffade, il n'insiste pas et s'en va aborder une autre fille un peu plus loin. Intrigué, le policier se décide à filer l'homme et finit par le surprendre plus tard dans la nuit, dans le parc en face de la gare, en train de se faire pratiquer une fellation par une prostituée. Le flic en profite pour l'arrêter pour « comportement indécent ». Une fois au poste, Tchikatilo est interrogé et fouillé : on trouve dans sa mallette un couteau de cuisine dont la lame fait près de 20 centimètres, une serviette, de la vaseline et des bouts de ficelle. Au commissariat de Rostov, on fait immédiatement le rapprochement avec « l'ogre ».

Viktor est immédiatement alerté. On pense avoir trouvé le coupable… Mais l'analyse de son sang fait voler en éclat ces certitudes : Tchikatilo est du groupe A, et non AB, comme le sperme recueilli sur l'une des victimes. Tant mieux, d'une certaine façon, car l'homme est un membre éminent du parti, et les enquêteurs sont bien contents de pouvoir le relâcher.

Tchikatilo disparaît donc dans la nature… Pour réapparaître six ans plus tard.

LE DERNIER MENSONGE DU CONDAMNÉ

Tchikatilo est cueilli à son adresse, à Rostov. Derrière la vitre sans tain, Viktor Burakov l'observe pendant son interrogatoire. De haute taille, osseux, les cheveux grisonnants rejetés à l'arrière d'un front largement dégarni, il a davantage des allures d'intellectuel que de brute sanguinaire. D'ailleurs, son CV est plutôt éloquent : né en Ukraine en 1936, il possède un diplôme d'arts appliqués ainsi qu'un brevet de technicien en électronique. Marié, père de deux enfants, il parle couramment allemand et a enseigné pendant plusieurs années la littérature russe à l'école de Novotcherkassk, près de Rostov. Pas étonnant qu'il soit passé entre les mailles du filet dans les premières années de l'enquête, lorsque l'on s'escrimait à chercher le coupable du côté des pédophiles condamnés et des échappés de l'asile !

Pour Viktor, cela ne fait aucun doute, Tchikatilo est bel et bien celui qu'il recherche depuis presque dix ans. S'il n'avait pas été relâché, en 1984, suite à une lamentable erreur de manipulation lors de l'analyse de sang, des dizaines de femmes et d'enfants seraient encore vivants !

Les deux premiers jours, l'homme s'entête : non, il n'a rien à voir avec ces horribles meurtres, il ne comprend pas pourquoi on l'a arrêté. Le troisième jour, il admet avoir des fantasmes sexuels « anormaux » et souffrir d'impuissance depuis son adolescence. Le lendemain, il évoque ses récurrentes pulsions suicidaires, puis, enfin, se dit prêt à avouer ses crimes. Le policier reste impassible, son stylo-bille levé, prêt à consigner les aveux, mais au fond de lui, ses tripes se nouent : c'est maintenant, après dix années à courir, qu'il va savoir.

Le 29 novembre 1990, Andreï Romanovitch Tchikatilo commence un récit qui va durer plusieurs semaines. Il raconte en détail comment il choisit ses proies, les approche, les torture… Son excitation qui monte avec les cris de douleurs, les coups de boutoir de son couteau qui remplacent ceux de son sexe impuissant, ses orgasmes au moment où le sang jaillit… Au départ taciturne, Tchikatilo s'enflamme. Une fois lancé, plus rien ne l'arrête. Viktor voit son visage se déformer de plaisir quand il explique comment il aime « enlever » les organes sexuels de ses victimes, mâchonner leur langue et surtout leur crever les yeux.

— Vous connaissez comme moi cette vieille légende qui veut que la dernière image que voit un mort reste imprimée dans sa paupière? Eh bien, au début, je n'y croyais pas vraiment. Après, j'y croyais moins, mais j'ai continué, par habitude, explique-t-il, hilare, à Viktor.

> *« L'ACTE DE JUGEMENT DU PROCÈS EST SIGNÉ BORIS ELTSINE. »*

À la fin de la première semaine de décembre, il a avoué trente-six meurtres. Puis, il se met à ajouter de nouvelles victimes à la liste. Contrairement à ce que les enquêteurs pensent, il n'a pas commencé à tuer en 1982, mais en 1978. Elle avait 9 ans et s'appelait Elena Zakotnova... Quelques semaines plus tard, Tchikatilo termine enfin son effroyable récit. Il a avoué, en tout et pour tout, cinquante-six crimes.

DÉTENDU, IL SOURIT À VIKTOR BUKAROV

Le lundi 14 février 1994, Tchikatilo est à genoux dans une cellule, au sous-sol de la prison de Rostov. Rasé de près, détendu, il sourit à Viktor Bukarov lorsque celui-ci pénètre dans la pièce, en compagnie du procureur et du médecin chef de la prison. Un garde referme la lourde porte métallique et le procureur présente à Tchikatilo l'acte du jugement du procès, ainsi que sa condamnation à mort signée du président Boris Eltsine. Tchikatilo, toujours aussi calme, étudie soigneusement les papiers, puis les rend au procureur.

— Vous avez une dernière déclaration à faire? lui demande ce dernier.

Le condamné, libéré de ses menottes, demande du papier et un stylo et écrit quelques lignes, avant de tendre le texte à Burakov.

— Quand ils écriront des livres sur moi, je voudrais qu'ils mettent ça en exergue.

Burakov saisit le papier et le fourre dans sa poche. Quelques minutes plus tard, à 20 heures précises, les gardiens saisissent le condamné et le poussent dans une autre pièce. Un bruit de détonation retentit. L'ogre de Rostov est mort.

Burakov souffle un grand coup, sort le papier de sa poche et lit:

« Merci à vous tous, qui avez souffert à cause de moi, car il n'en existe pas un autre ici-bas comme moi qui ai fait autant de mal.

A.R. Tchikatilo, le 14 février 1994. »

Par **Jérôme Lefèvre**

L'incroyable destin qui
a inspiré le logo d'Apple

L'ESPION TRANSFORMÉ EN FEMME

Steve Jobs, le génial inventeur d'Apple,
a choisi pour logo une pomme
à demi croquée. Comme la pomme empoisonnée
retrouvée près du cadavre d'un certain Alan Turing,
l'inventeur génial de l'informatique.

MANCHESTER
Juin 1954

Cet hiver-là, les températures flirtent avec les dix degrés en dessous de zéro. Le charbon manque et l'air glacial pénètre à l'intérieur des maisons. Pourtant, chaque matin, c'est le même rituel pour Alan Turing. À peine levé, il se plante, entièrement nu, devant le miroir du salon et reste ainsi de longues minutes, bravant le froid. Il ne s'admire pas, bien au contraire. Il scrute ce corps qu'il ne reconnaît plus. Il observe cette paire de seins qui poussent chaque jour un peu plus, flasques comme ceux d'une vieille femme. Son sexe ratatiné, flétri. Six mois de cet abominable traitement hormonal et il a déjà l'impression de ne plus être lui-même.

Ce n'est pas seulement sa virilité qui a disparu, mais aussi son envie de travailler, de réfléchir, de chercher. Sur la petite table près de la fenêtre, la poussière commence à faire son nid, entre les livres et les feuilles de papier recouvertes de hiéroglyphes mathématiques… En cet hiver 1953, dans un deux-pièces triste d'une banlieue ouvrière de Manchester, voilà tout ce qui reste du génie qui, treize ans auparavant, a sauvé l'empire britannique.

LE MEILLEUR DE SA GÉNÉRATION

Le nom d'Alan Turing ne vous dit peut-être rien. L'histoire officielle l'a rayé des manuels. Pourtant, à la fin de l'été 1940, alors que l'Angleterre n'était plus qu'un champ de ruines pilonné par l'aviation allemande, l'avenir du monde reposait sur ses épaules.

Entre deux alertes à la bombe, un matin de septembre, Alan, qui a alors 28 ans, enfourche discrètement sa vieille bicyclette pour se rendre à Bletchley Park, un imposant manoir victorien perdu en pleine campagne, à une heure de route de Londres. C'est là que les services secrets britanniques se sont retranchés. Là que l'état-major a donné rendez-vous au jeune diplômé de l'université de Cambridge.

Le premier abord est plutôt distant. Mal coiffé, le regard fuyant sous des sourcils broussailleux, Alan Turing fait une piètre impression à ces gentlemen. Le garçon qu'on leur a présenté comme le meilleur mathématicien de sa génération semble terriblement confus, stupide même, avec des mots qui se bousculent entre ses lèvres minces, comme si son cerveau patinait. Pour excuser sa tenue débraillée, il balbutie :

— Plus confortable. Pas besoin... comment dire... de... d'un smoking pour réfléchir...

On lui fait visiter le saint des saints

> *L'AVENIR DU MONDE REPOSE SUR LES ÉPAULES DE CE JEUNE ORIGINAL DE 28 ANS...*

Bletchley Park, un imposant manoir victorien, a abrité les services secrets britanniques.

de Bletchley Park, la salle où une centaine de secrétaires, le casque sur les oreilles, écoutent les messages secrets allemands dans l'espoir d'y repérer certains mots-clés. Un travail gigantesque dont dépend, en fait, l'issue de la guerre. Car chaque jour, les sous-marins torpilleurs allemands envoient par le fond les navires britanniques qui croisent dans la Manche. La nourriture et les armes commencent à manquer. Encore quelques mois de ce blocus, et l'Angleterre devra accepter la reddition, comme la France trois mois auparavant.

Décrypter le secret d'Enigma, la machine cryptographique de la Wehrmacht, devient d'une importance capitale. Mais les hommes de Bletchley Park ont beau s'acharner nuit et jour, ils en sont toujours à jouer aux devinettes pour espérer contourner le cryptage d'une machine qui possède 159 milliards de milliards de codes différents et en change toutes les vingt-quatre heures ! Autant dire que c'est mission impossible pour un esprit humain. Seul un puissant ordinateur pourrait trier toutes ces données. Seulement voilà, en 1940, les ordinateurs n'existent pas...

Pendant des mois, alors que les raids allemands se multiplient sur Londres et que l'étau se resserre inexorablement sur l'Angleterre, le jeune Turing s'enferme dans la hutte 8, un préfabriqué construit à même la pelouse du parc du manoir. Tous les matins, qu'il pleuve ou qu'il neige, le jeune homme arrive à Bletchley Park sur sa vieille bicyclette. Parfois, il ne prend même pas la peine de s'habiller et se contente d'enfiler un pardessus sur son pyjama pour venir au bureau. Enfin, au printemps 1941, il ouvre la porte de la hutte 8 à ses responsables.

Les traits tirés, une ombre de barbe sur ses joues, le jeune mathématicien présente sa machine, baptisée « la Bombe ». L'engin est capable de tester un à un des millions de codes jusqu'à trouver le bon. Il remplace à lui seul le travail de 10 000 personnes. Avec dix ans d'avance, Alan Turing vient de créer le premier ordinateur.

QU'IMPORTENT SES BIZARRERIES !

Dès lors, il devient l'enfant chéri des services secrets. Ses excentricités n'agacent plus personne. Même lorsqu'il roule à vélo équipé d'un masque à gaz, pour se protéger du pollen auquel il est allergique. Ou – shocking – quand il enchaîne sa théière avec un petit cadenas sur le radiateur du restaurant du manoir, pour que ses collègues ne boivent pas son thé.

Parfois, on l'entend chantonner un refrain tiré de son conte préféré, *Blanche Neige et les sept nains* : « Plongeons la pomme dans le chaudron pour qu'elle s'imprègne de poison »... Qu'importent ses bizarreries : Alan avance à marche forcée dans sa recherche. D'autres préfabriqués poussent comme des champignons sur la pelouse de Bletchley Park pour abriter de nouvelles « Bombes » reproduites par dizaines.

Dès le mois d'août, les machines de Turing sont capables de lire le jeu de l'ennemi comme dans un livre ouvert. Les cargos de ravitaillement connaissent les positions des sous-marins allemands. Avant la fin de l'année, le problème naval de l'Angleterre est résolu et la bataille de l'Atlantique, en décembre 1941, tourne rapidement à l'avantage des Alliés. Le destin du monde a basculé en l'espace de quelques mois. Trois ans plus tard, c'est encore grâce à « la Bombe », que les Alliés pourront, en temps réel, vérifier l'efficacité de la vaste opération de désinformation qui vise à convaincre Hitler que le débarquement aura lieu dans le Pas-de-Calais, et non en Normandie. Avec le succès que l'on connaît...

> *MAL COIFFÉ, LE REGARD FUYANT, ALAN TURING FAIT UNE PIÈTRE IMPRESSION À L'ÉTAT-MAJOR DE SA MAJESTÉ.*

ON LE FILE QUAND IL SORT LE SOIR...

La dette du monde libre envers Alan Turing est immense. Au lendemain de la victoire, il devrait être célébré en héros. Mais même s'il reçoit les plus hautes décorations, on le conjure de rester dans l'anonymat, car ses travaux menés à Bletchley Park sont classés secret-défense.

Alan, qui n'a jamais aimé les honneurs, s'en moque. Désormais professeur à l'université de Manchester, il poursuit ses recherches sur ce sujet qui le fascine depuis l'adolescence: l'intelligence artificielle. Pour lui, la page de la guerre est tournée. Ce qu'il ignore, c'est qu'une nouvelle guerre a commencé: celle de la guerre de l'ombre. Des hommes sortis tout droit des romans d'espionnage de John le Carré le surveillent nuit et jour. Ils le filent au téléobjectif quand il se trouve en compagnie d'un garçon.

À leurs yeux, l'homosexualité d'Alan Turing le rend vulnérable. Rien de plus facile, pour l'ennemi, que de lui tendre un piège en mettant dans son lit un espion. Or, livrée à l'ennemi, « la Bombe » est une menace pour la sécurité extérieure du Royaume, en pleine guerre froide avec l'URSS. Ne vient-on pas de découvrir que des membres haut placés des services secrets britanniques menaient depuis

Le documentaire *Breaking Code, Broken Genius*, diffusé sur Discovery Channel, livre des images inédites de la vie d'Alan Turing.

plusieurs années un double jeu au profit du parti communiste soviétique ?

Alan Turing doit être mis hors d'état de nuire. En mars 1952, le héros de la guerre de 1940 est arrêté et traîné en justice. Comme on ne peut pas prouver qu'il travaille pour les Soviétiques, on l'accuse d'« indécence manifeste et perversion sexuelle », – à une époque où l'homosexualité constitue un délit. Alan plaide coupable en ce qui concerne ses inclinaisons sexuelles, mais nie farouchement avoir trahi son pays. Pour défendre son honneur, son avocat pourrait citer les titres de guerre de son client. Mais ceux-ci sont aussi classés secret-défense et il est interdit d'en faire mention.

À SON CÔTÉ, UNE POMME CROQUÉE...

Mis en demeure de choisir entre une peine de prison ou un traitement hormonal visant à supprimer sa libido, Turing choisit le traitement. Une castration chimique barbare, inhumaine, qui aboutit à ce que les services secrets souhaitaient : Alan Turing est détruit physiquement. Il ne sort plus de chez lui. Prisonnier d'un

> *« PLONGEONS LA POMME DANS LE CHAUDRON POUR QU'ELLE S'IMPRÈGNE DE POISON... »*

corps qui subit les effets secondaires terribles de la castration chimique, il commence un long calvaire, dont aucune de ses fabuleuses machines ne pourra malheureusement le délivrer.

> *« LE DESTIN DU MONDE A BASCULÉ EN L'ESPACE DE QUELQUES MOIS. »*

Le 8 juin 1954, à 17 heures, Mrs Conwell, sa femme de ménage, le découvre étendu, inerte, sur son lit. Arrivée sur les lieux, la police trouve au chevet du mort une pomme à demi croquée empoisonnée au cyanure. La pomme de Blanche Neige, le conte qui a accompagné toute sa vie…

Trente ans plus tard, un certain Steve Jobs baptisera sa société d'informatique Apple et choisira comme logo une pomme croquée. Un hommage à l'inventeur du premier ordinateur. Là où il est aujourd'hui, Alan Turing doit savourer cet honneur posthume qui vaut bien toutes les remises de médaille et les cérémonies officielles.

Une enquête de notre **correspondant**

Steve Jobs
Un génie visionnaire

« Dans l'histoire de l'informatique, tout est parti d'une graine plantée par Alan Turing, a déclaré le fondateur d'Apple. *Il est derrière absolument tout ce qui a été créé par les fabricants d'ordinateurs.* »

Non seulement Turing a inventé l'informatique mais, dès les années 1950, il a imaginé ses plus folles applications, notamment le smartphone. En fait, Steve Jobs n'a eu qu'à mettre ses pas dans ceux de Turing. Ce serait pour lui rendre hommage que le créateur d'Apple a choisi une pomme mordue comme logo, comparable à celle que le génie visionnaire a croquée au moment de sa mort.

Le lieu du départ, le village de Bouzonville.

Le rêve de la famille
n'est pas si fou, pas si loin.
Juste à mille kilomètres
de chez eux.

MORTS AU SOLEIL

BOUZONVILLE

Juin 2014

Un dernier regard dans le coffre bourré à craquer. On n'a rien oublié ? Apparemment, non. De toute façon, on ne peut rien mettre de plus dans la Ford Escort break de la famille. Les trois enfants tout excités montent à l'arrière, un garçon de 4 ans et ses deux sœurs de 6 et 10 ans.

Sylvie, la mère, s'installe à l'avant. Son mari contrôle le siège et les ceintures des gamins puis claque les portières. Allez, c'est parti !

Est-ce déjà un départ en vacances, en cette nuit de printemps ? Non, ou bien alors, des vacances pour la vie. Sylvie et Yves, en effet, ont décidé de quitter l'est de la France et leur petite ville de Moselle, Bouzonville, près de la frontière allemande, pour s'installer là-bas, dans le Sud, au soleil, du côté de Pau dans un petit village.

Sacrée aventure pour des parents de 50 ans, qui ont dix enfants, dont cinq mineurs encore à charge. Mais leur rêve n'est pas si fou, pas si loin : il les attend à 1200 km de là, à treize ou quatorze heures de route en comptant les arrêts.

Le couple est originaire du Nord. Sylvie, aînée de quatre enfants, a été majorette, joueuse d'accordéon à l'occasion, et fan d'Elvis Presley. Pour elle, les choses sérieuses ont commencé par son premier bébé, à 20 ans. Neuf autres ont suivi. Elle ne s'en plaint pas, elle se plaît avec les enfants et, par chance, elle adore faire des gâteaux.

Pour construire une telle famille, il vaut mieux être à deux, Sylvie est tombée sur l'homme qu'il fallait, Yves Bayeuil, un gars de son âge, avec un bon métier, électricien. Lui aussi aime les gosses, et il adore bricoler, il sait tout faire.

UN RÊVE PAS SI INACCESSIBLE, PAS SI FOU

Au fil des années, les cinq aînés partent vivre leur vie et se dispersent à travers la France. Alors que le plus jeune, un petit garçon prénommé Mackylian, n'a que 4 ans, le plus grand a déjà 29 ans et habite à Denain, où il travaille chez Toyota. Le

La grande sœur avec deux des enfants rescapés.

deuxième, Julien, est descendu dans le sud, dans les Pyrénées-Atlantiques, aux environs de Pau, où il a trouvé du boulot dans une casse automobile.

Il poste des photos de sa région d'adoption sur Facebook, montagnes pyrénéennes en toile de fond, ciel bleu et grand soleil, maisons fleuries entre deux palmiers... Des images qui épatent la famille et la font rêver.

> *« IL POSTE DES IMAGES QUI ÉPATENT TOUTE LA FAMILLE ET LA FONT RÊVER. »*

Les autres se débrouillent, un garçon est gendarme dans la Marne, la plus grande fille est mariée et vit dans les Vosges, la deuxième vient de se mettre en couple à 18 ans. Faites le compte, il en reste cinq, encore mineurs, à la maison. Deux garçons ados de 16 et 15 ans, et les trois petits derniers.

Les épaves montrent la violence du choc de l'accident.

QUI A DIT QUE L'AVENTURE N'ÉTAIT PAS RAISONNABLE ?

« LE RÊVE QUI ALLAIT COMMENCER SE BRISE NET. »

Yves a beau avoir les cheveux blancs et dégarnis, il reste costaud, avec un visage rond et jovial derrière ses lunettes. Sylvie est plus mince, encore énergique d'allure.

Même s'ils ont déjà quatorze petits-enfants, ils n'ont pas dit leur dernier mot. À force de regarder les photos qu'envoie Julien, ils se disent : pourquoi pas changer de vie ? Même avec cinq enfants encore scolarisés ? Et alors, il suffit de bien préparer son affaire.

Julien leur trouve une maison à louer à Ostabat, village de 200 âmes dans un paysage vert et riant.

En plus, c'est moins cher là-bas. Yves descend d'abord tout seul pour voir l'endroit et, tout à fait convaincu, loue la résidence. Il se renseigne en même temps pour trouver du boulot et décroche un contrat. Qui a dit que l'aventure n'était pas raisonnable ?

La suite est soigneusement organisée, le camion de déménagement part le premier avec tous les meubles, les deux fils adolescents sont dépêchés sur place. Puis c'est le grand départ dans le break Ford de la famille, avec les derniers bagages et les trois gosses sur la banquette arrière.

« UNE GRANDE FRATRIE PERD SES DEUX PARENTS ET LE PETIT DERNIER. »

ENCORE QUELQUES KILOMÈTRES…

Direction Metz, en terrain connu, à 40 km, puis Châlons-en-Champagne, Troyes, la transversale jusqu'à Orléans. Les noms des villes défilent comme un chapelet, Tours, Poitiers, Niort, Bordeaux… La route est longue, très longue.

Julien, le fils installé à Pau, suit l'expédition de là-bas, on l'imagine les yeux sur une carte pour suivre la progression de la Ford Escort. Il téléphone régulièrement à sa mère pour savoir où ils en sont.

— On sort de Bordeaux, répond Sylvie, on va vers Mont-de-Marsan, c'est ça ? Puis vers Pau, oui, et direction Orthez. Ouf, on approche.

Les gamins, derrière, dorment ou somnolent. Sylvie s'endort aussi. Elle se réveille pour répondre à son fils Julien et le prévenir qu'ils sont maintenant sur les petites routes montagneuses.

Il est 15 heures, ils arriveront d'ici quarante-cinq minutes, enfin. On imagine Yves fatigué mais souriant au volant, comme s'il était enfin chez lui, dans ce nouveau pays qu'il aime déjà. L'anxiété du trajet se dissipe, il se détend. Il ne se méfie pas du tout, ne mesure pas à quel point il est épuisé…

Tout près de la maison convoitée, du petit village enchanté, le rêve qui allait commencer se brise net, foudroyé par le destin.

Ça se passe à Salies-de-Béarn, à quelques kilomètres d'Orthez, sur une voie à double sens limitée à 70 km/h.

Yves décroche, ses yeux se ferment, son pied s'alourdit sur la pédale d'accélérateur une fraction de seconde. Le temps que la Ford se déporte à gauche, franchisse l'axe central. Le choc contre le 4x4 arrivant en face est effroyable. Les deux véhicules sont broyés. Le conducteur du 4x4, 66 ans, est mort. Dans le break, dont le compteur, intact, est bloqué sur 120 km/h, Yves et Sylvie ont été tués sur le coup. La mère de famille ne répondra pas au prochain appel de Julien.

À L'ARRIÈRE DU BREAK, UN MIRACLE S'EST PRODUIT

Et sur la banquette arrière ? Un miracle s'est produit, la petite fille de 10 ans est presque indemne, commotionnée et en état de choc, mais sans blessure. Il va falloir l'aider à surmonter un malheur épouvantable. Son frère de 4 ans, le petit dernier, trop gravement touché, va mourir la nuit suivante au centre hospitalier de Pau.

L'autre petite sœur, âgée de 6 ans, est éventrée, dans un état désespéré. Elle est héliportée vers l'hôpital de Bordeaux, où les médecins vont l'arracher à la mort.

En quelques secondes, après tant de kilomètres et tant d'heures de voyage, une grande fratrie a perdu d'un même coup ses parents et le petit dernier. Au lieu d'une marmaille qui s'installe joyeuse dans une grande maison – une demeure que Sylvie n'aura jamais vue –, l'heure est aux préparatifs du deuil et de l'adieu aux pauvres corps.

ELVIS PRESLEY EN GUISE D'HOMMAGE

Le lundi 16 juin, la nombreuse famille des défunts s'est rassemblée dans le Nord pour les obsèques. Une nièce d'Yves et Sylvie a prononcé les paroles du souvenir ; ensuite on a entendu le chanteur préféré de la disparue, Elvis Presley, dans *Gentle on my Mind*, l'hommage des enfants à leur maman.

Et puis les gens sont repartis, vers la vie, vers l'avenir. Les quatre enfants mineurs habiteront désormais chez leurs aînés. Il y aura des tas de problèmes à résoudre, les frais à payer. Il y aura les souvenirs des jours heureux et des heures de malheur, et neuf frères et sœurs pour les partager.

Une enquête d' **Olivier Robert**

Jean-Didier, l'aîné de la famille, s'exprime devant le micro de *BFM TV*.

Steven, un autre des dix enfants du couple, s'est également confié sur le drame à l'antenne de *BFM TV*.

Une des deux fillettes qui ont survécu à l'accident.

Le village Ostabat, qui était leur destination.

BRÈVES

SON CRIME ? RONFLER

Énième séjour derrière les barreaux. Énième angoisse pour Eugène. Mais, cette fois, il a trouvé la solution pour ne pas se faire tabasser par ses codétenus...

QUIMPER
Avril 2010

La porte de la maison d'arrêt se referme. Eugène Dubois suit docilement le gardien chargé de l'accueil des détenus. La prison de Vannes, Eugène connaît. C'est un récidiviste. N'empêche, ce 22 mars 2010, il ne fait pas le malin. Malgré son 1,83 m et ses 80 kg, l'univers carcéral, la violence des caïds lui font peur.

Lui, c'est un doux. À la rue depuis ses 16 ans, il a multiplié les petits délits, mais, chaque fois qu'il passe au tribunal, il attendrit même les procureurs.

— C'est un garçon à la franchise désarmante, admet l'un d'eux.

Cette fois, c'est parce qu'il a fauché des bouteilles au Monoprix et six sandwiches qu'il a pris six mois ferme. Or, en prison, il le sait, quand la gentillesse s'affiche sur la figure, on devient vite un punching-ball pour les autres.

À la promenade, Eugène a d'abord tout fait pour éviter un certain Mickaël Tosten, ancien militaire et serial killer en activité. Pas un seul détenu n'accepte de cohabiter avec ce tueur fou au regard vide et coiffé d'une queue-de-cheval. Pourtant, bizarrement, le courant passe bien avec Eugène.

En se mettant sous sa protection, le jeune détenu se dit sans doute qu'il évitera de se faire cogner. Les deux hommes font une demande conjointe pour partager la même cellule.

Eugène prend sa place en haut du lit superposé. Avant de s'endormir, les deux condamnés causent un peu. Eugène raconte la mort de son père, quand il n'avait que 2 ans. Sa mère qui buvait. Son cousin qui le violait. Son alcoolisme et ses envies d'en finir, au bout du compte.

— Ne fais pas ça ! lui dit Tosten. Tu vas sortir dans cinq mois, tu as la vie devant toi !

Est-ce la camaraderie de Tosten ? Devant Yvette, la visiteuse de la Croix-Rouge, Eugène parle d'arrêter de boire. Il dit qu'il veut trouver un métier. Le duo semble fonctionner. Leur cellule, numéro 104, se trouve tout au bout du couloir, sur une cour très silencieuse. C'est tout ce qu'il faut pour Mickaël Tosten, que le moindre bruit insupporte. Cette phobie fait partie des nombreux dysfonctionnements cérébraux du tueur fou.

Arrive le 20 avril. À 20 heures, Christian, le surveillant de garde, effectue sa première ronde. Il jette un regard à l'intérieur du 104 par l'œilleton. Eugène et Tosten, allongés sur leur lit, regardent la télévision. C'est une nuit comme les autres dans l'univers carcéral.

23 h 30. Nouvelle ronde. Christian s'arrête devant la 104. Les deux détenus dorment. Oui, mais, sur le lit du haut, Eugène est sur le ventre, hors des draps. Et, surtout, il a une jambe qui pend dans le vide.

Le surveillant frappe à la porte.

— Tout va bien ? appelle-t-il.

Aucune réponse. Alors, le gardien y va à grands coups de pied dans le panneau. Son codétenu finit par ouvrir un œil.

— Réveille Dubois ! lui ordonne le surveillant.

Le regard torve, l'ancien militaire secoue Eugène Dubois en maugréant...

— Prends son pouls ! lui dit encore Christian.

Tosten s'exécute.

— Je ne sens rien, répond-il.

— Ne touche plus à rien !

UN GESTE DE PROFESSIONNEL

Christian sprinte jusqu'au rez-de-chaussée. Appels aux pompiers, à la police et aux secours. Puis il remonte en catastrophe ouvrir la 104 pour commencer un massage cardiaque, bientôt relayé par le SMUR. Mais il n'y a rien à faire. À 0 h 25, Eugène Dubois est déclaré mort. Strangulation, conclut le légiste. Et pas avec les mains. À la militaire. La tête serrée au creux du bras.

Ce soir-là, plongé dans un profond sommeil, Eugène a ronflé. Ce bruit régulier a suffi pour que Tosten l'étrangle, alors qu'il était à quatre jours de sa propre libération...

Eugène, surnommé Nounours pour sa douceur, est mort à 25 ans, alors qu'il commençait seulement à vouloir vivre. Mais le droit au bonheur n'était pas écrit dans son destin. Paix à son âme.

Une enquête de **Hervé Hellec**

Aix-en-Provence

RENCONTRE ENTRE 2 PERVERS

Qu'un président de tribunal craque et coupe un enregistrement en pleine audience, ce n'est pas courant. Mais le crime que l'on juge ne l'est pas non plus.

AIX-EN-PROVENCE

Avril 2012

La scène remonte à une dizaine d'années. Un jeune garçon brun, plutôt beau gosse, sort d'un hôtel en compagnie d'une prostituée. Il se dirige vers une voiture où l'attend son beau-père.

— Alors ? demande le beau-père à la prostituée. Il a été comment ?

— Très doux, répond-elle. Il fait bien l'amour.

Le garçon brun grimpe dans la voiture de son beau-père. Cette passe avec une prostituée, c'est tout ce que son étrange famille a trouvé pour s'assurer que Nicolas, 18 ans, était capable d'avoir des relations sexuelles normales avec une femme !

Compte tenu de ce qui s'est produit un an auparavant, ce n'était pas évident. Car Nicolas, à 17 ans, s'est livré à des attouchements sur ses jeunes sœurs. Mais pas seulement. Il s'en est pris aussi à des gamins du quartier. Plaintes, garde à vue. Nicolas M. a été condamné à dix-huit mois de prison. Il n'y a plus qu'à espérer que ça lui serve de leçon...

« SALUT ! T'ES LA FEMME DE MAX... »

Pendant plusieurs années, il ne fait plus parler de lui. En 2010, on le retrouve à Arles. Il travaille dans une brasserie du centre-ville.

Un après-midi, à la sortie du boulot, il tombe sur une certaine Élodie, la compagne de Maxime, l'un de ses collègues, cuisinier dans la même brasserie que lui.

La conversation s'engage. La jeune femme, qui n'est pas un prix de beauté, est sans doute flattée d'être abordée par un si beau garçon. Depuis la naissance de sa fille Elsa, Maxime, son mari, ne l'approche plus. Elle qui ne s'est jamais cachée d'aimer le sexe, s'est offert un godemiché rose à trois branches pour compenser.

Sur le trottoir, elle se dandine devant Nicolas en donnant son numéro de portable. Ce qu'elle ne voit pas, c'est que ce n'est pas elle qui intéresse Nicolas. C'est Elsa, qui attend sagement dans sa poussette.

> *LES ACCUSÉS CHERCHENT À NIER, MAIS TOUTES LES PREUVES SONT LÀ, DANS L'ÉPAIS DOSSIER DE LA POLICE.*

« JE L'AI FAIT AVEC MES DEUX SŒURS »

Quelques jours plus tard, Élodie et Nicolas couchent ensemble. Puis il y a une deuxième rencontre. Ensuite, plus de nouvelles. Ni texto, ni mail. Nicolas ne répond même pas à ses coups de fil. Et voilà que, six mois plus tard, il la recontacte sur sa messagerie MSN. Un échange qu'elle n'espérait plus.

— Tu m'as manqué, lui dit-elle.

— Toi aussi, mais j'avais des trucs à régler.

— Tu sais, j'ai toujours des sentiments pour toi...

Leurs conversations deviennent régulières et dérivent vite. Nicolas lui envoie des photos de lui nu sous la douche. Élodie le gratifie de commentaires sans détour.

— Tu sais que j'ai déjà eu des rapports avec mes sœurs ? lui confie-t-il.

— Ah bon ? Tu as fait quoi ?

— La grande m'a masturbé, et je me suis fait la petite. Ça t'excite ?

— Euh... je sais pas...

— Mais ce que j'aimerais aussi, c'est le faire avec une gamine.

— Ah bon ?

À ce stade, n'importe quelle mère normale raccrocherait. Mais pas Élodie, qui prononce ces mots inconcevables.

— Tu sais, il y a Elsa... tu aimerais ?

La suite est impossible à raconter. Par deux fois, en mars 2012, Nicolas M. se rend l'après-midi chez Élodie, qui lui offre sa fille. Elle va même jusqu'à droguer l'enfant, pour l'empêcher de se débattre. Et elle conçoit le pire du pire : profiter des moments où elle est seule avec Elsa pour… préparer l'enfant avec des sex-toys avant de recevoir son amant…

> LA GAMINE HURLE, SUPPLIE SA MÈRE D'ARRÊTER. MAIS RIEN N'Y FAIT.

Maxime, le papa d'Elsa, ne met que quelques jours à comprendre que quelque chose ne tourne pas rond dans son foyer. Lorsqu'il part au boulot, la petite fille s'accroche à ses jambes de pantalon, en le suppliant de ne pas la laisser avec sa mère. Maxime est un garçon équilibré et intelligent. Et c'est ce qui va sauver la fillette.

Sur la table de nuit du couple, il y a un iPod. Maxime y installe un petit programme, qui fonctionne comme un enregistreur numérique. Au premier son, l'enregistrement se déclenche, sans que rien ne le laisse deviner.

Au bout de quelque temps, Maxime écoute l'enregistrement. Des bruits, il y en a de toutes sortes, aspirateur, radio, chaise que l'on tire… Puis, subitement, des pleurs, une voix d'homme. Les viols d'Elsa, 3 ans.

« ARRÊTE, MAMAN, TU ME FAIS MAL ! »

Deux ans plus tard, Nicolas M. et sa complice comparaissent devant la cour d'assises des Bouches-du-Rhône. La présidente lit d'une voix blanche la retranscription de l'enregistrement fait sur l'iPod. Il s'agit d'un dialogue. Un dialogue entre Élodie et Elsa. Ou, plus précisément, une dispute, pour que la gamine accepte de « jouer au sexe ».

— Allez, mets-le toi !

— Non !

— Tu obéis !

— Non ! Arrête, arrête maman ! Ça fait mal !

— On s'en fout.

La gamine hurle, supplie sa mère d'arrêter. Mais rien n'y fait. Une scène d'une telle cruauté que la présidente de la cour d'assises, pourtant rompue à toutes les horreurs, stoppe la lecture. Mais pour juger les deux accusés, il faut reprendre.

— Si tu bouges, tu vas prendre une claque !

— Ça fait mal ! Ça fait mal !

— Bon, allez, on va prendre une douche.

— Non ! Je veux pas prendre de douche avec toi !

— Oh, ça suffit !

Et les hurlements continuent... Dans la grande salle des assises, Maxime est au premier rang, la tête dans les mains, fuyant le regard de son ex, rouge de honte dans le box des accusés.

Élodie a tout raconté à la police. Sa rencontre avec Nicolas M., leurs jeux ignobles. Et aussi comment elle s'est enfuie du domicile conjugal pour prévenir son complice, le jour où Maxime a découvert leur crime.

— Casse ton téléphone, lui conseille alors Nicolas, et balance aussi ton ordinateur, je vais en faire autant. Tu n'as qu'à nier. Les flics ont presque rien contre toi, ce ne sont que des broutilles ! Mais surtout, ne parle pas de moi.

Sauf qu'il est trop tard. Via leurs opérateurs, les policiers ont déjà récupéré l'historique de leurs conversations.

— C'est vrai que j'ai eu ces conversations, se défend le pervers devant la cour, mais ce n'étaient que des mots ! Je n'ai jamais touché cette gamine ! Je déconnais ! C'était juste un délire !

Mais l'homme a beau avoir fait disparaître son ordinateur juste avant la perquisition de la police, « parce qu'il ne marchait plus », tout est là, dans l'épais dossier judiciaire. Les photos et vidéos d'Elsa, qu'Élodie lui envoyait après l'avoir violée, elle, sa propre mère !

SON PÈRE VA TOUT FAIRE POUR QU'ELLE RÉUSSISSE À OUBLIER

Le couple a beau faire, ils sont condamnés à vingt ans de réclusion chacun. Avant de partir pour la prison, l'accusée prend une dernière fois la parole :

— Je suis impardonnable. Ce que j'ai fait à ma fille, ce n'est pas digne d'une mère.

Nous avons retrouvé Maxime à la sortie de l'audience.

— Tout ce qui m'importe maintenant, c'est ma fille, a-t-il conclu.

Pour s'occuper d'elle, il a abandonné son travail à la brasserie, qui était trop prenant. Il suit actuellement une formation dans l'aide aux personnes âgées.

Elsa va mieux. Elle a cessé de voir un psychologue, et apprend doucement à oublier. ●

Voir le récit de son père page suivante

Une enquête de **Sébastien Devaud**

Maxime a reçu notre reporter chez lui.

Comment vivre dans l'appartement où sa fille a été torturée

ARLES

Février 2015

Comment se reconstruire après une telle épreuve ? Où en sont Maxime et sa fille aujourd'hui ? C'est ce que nous avons voulu savoir...

Tout d'abord, Maxime, comment va Elsa ?

Aussi bien que possible. Elle a un comportement parfaitement normal, comme si elle avait oublié ce qui lui était arrivé. Au début, après l'arrestation de sa mère, il lui arrivait de me rejoindre au milieu de la nuit, en pleine crise de terreur, mais à présent c'est terminé. Elle dort dans sa chambre, paisiblement.

Au moment du drame, vous travailliez dans la restauration. Et maintenant ?

Ce métier me passionnait mais il avait l'inconvénient de m'éloigner de ma fille tous les soirs. Je ne veux plus de ça, il me faut un travail avec des horaires normaux... Déjà, à l'époque, je songeais à changer d'activité pour être plus souvent à la maison. Et pourtant, j'étais loin d'imaginer ce qui se passait en mon absence !

À quel moment avez-vous commencé à vous poser des questions ?

Quand Elsa s'est mise à avoir des comportements bizarres. Elle était toujours triste. À 18 heures, quand je partais travailler, elle n'arrêtait pas de pleurer. Je me suis demandé si Élodie, sa mère, n'était pas trop dure avec elle quand j'avais le dos tourné. Si j'avais pu me douter !

Et c'est alors que vous avez décidé de tirer les choses au clair en menant votre petite enquête ?

Oui. Comme vous savez, j'ai enregistré les conversations sur un iPod qui se trouvait sur notre table de nuit Et le 14 avril – je n'oublierai jamais cette date –, j'ai entendu ce que faisait Élodie avec notre fille en mon absence.

« JE NE ME LAISSE PAS ALLER, MAIS JE N'AI PERSONNE POUR ME SOUTENIR... »

Le contenu de l'enregistrement est insoutenable.

Quand avez-vous appris que Nicolas M., l'amant de votre femme, était mêlé à tout cela ?

Trois mois plus tard, lorsqu'Élodie l'a dénoncé.

Cet homme était un de vos collègues à la brasserie ?

C'est vrai. Il travaillait depuis deux ans sous mes ordres au restaurant. C'est comme ça qu'Élodie et lui se sont rencontrés... Quand je pense que je partageais mes repas tous les soirs, avec ce salaud qui couchait avec ma femme et qui violait ma fille !

Comment avez-vous réagi quand vous l'avez su ?

La police m'a appelé pour me préciser le jour où il serait arrêté. J'ai dû travailler avec lui la veille au soir sans rien lui montrer pour ne pas éveiller sa méfiance… C'était nerveusement insupportable.

Avez-vous envisagé de faire justice vous-même ?

Je vous mentirais si j'affirmais le contraire… Dans la cuisine du resto, il était là, à côté de moi, avec tous ces couteaux à portée de main. Et puis j'ai pensé à Elsa. Si je passais à l'acte, la petite n'aurait plus de parents du tout. J'ai préféré laisser faire la justice.

Ça a dû être une période affreuse…

Ma vie de famille a explosé, puis ma vie professionnelle. Je n'ai plus touché de salaire jusqu'à la fin de l'année.

Preuve que les victimes sont parfois autant punies que ceux qui leur ont fait du mal !

C'est vrai. Je suis passé d'une vie à environ 4000 euros par mois, en comptant le salaire d'Élodie et le mien, à une autre où je ne gagne que 500 euros mensuels, avec ma fille dont je dois m'occuper seul. Et mon loyer est de 640 euros. Le calcul est rapide à faire…

Avez-vous reçu une aide quelconque après toutes ces épreuves ?

Après le procès, j'ai reçu des milliers de messages de soutien… Mais en réalité, j'étais seul pour me débattre. Je ne me suis pas laissé aller, j'ai poursuivi mon projet de m'occuper d'aide à la personne. Ce que j'espérais, c'est obtenir un logement social.

Vous ne pouviez plus payer votre loyer ?

Au-delà de l'aspect financier, il y avait l'impossibilité pour Elsa de continuer à vivre dans cet appartement. Moi-même, j'entendais résonner dans ma tête les pleurs, les cris de l'enregistrement… Il fallait tourner la page.

Aujourd'hui, seriez-vous prêt à refaire votre vie avec une autre femme ?

Peut-être. J'ai longtemps mis ma vie entre parenthèses, pour ma fille, mais à présent je vais un peu mieux. J'ai envie de recommencer à vivre, de rencontrer quelqu'un à nouveau. Mais Elsa a du mal à faire confiance aux femmes… Même avec sa maîtresse d'école, qu'elle voit chaque jour, elle se méfie. Alors, une nouvelle personne dans notre vie, ce ne sera facile ni pour elle ni pour moi. ●

Une interview de
Mathieu Fourquet

BRÈVES

À DROITE, UN MULTIRÉCIDIVISTE, À GAUCHE, UN VIEILLARD… ET LE GAGNANT EST ?

CLAIRVAUX

Mai 2014

La Clayette, 2 000 habitants. Son château du XIVe siècle. Son église. Son boulodrome. Ici, à un souffle de brise des rives du Rhône, il ne se passe jamais rien. Et pourtant… En ce soir de printemps, à 18 heures, le village va être le théâtre d'une improbable confrontation : d'un côté, un vieillard inoffensif, presque aveugle. De l'autre, André Gosset, 50 ans dont vingt-sept passés en prison. Un vrai gangster de film noir.

Le vieux monsieur est seul, dans sa maison, sur les hauteurs du vieux centre. Presque sourd, il n'entend pas que quelqu'un fracture sa porte. L'intrus, regard noir et sourcil broussailleux, c'est André Gosset. Il y a une vingtaine d'années, il a été condamné à la perpétuité pour avoir « frappé une vieille dame ».

Évasion spectaculaire de la centrale de Clairvaux, violente prise d'otages puis retour à la case prison. Ce qui ne l'empêche pas d'obtenir une permission de sortie en 2014. Inutile de préciser qu'on ne le reverra plus ! Jusqu'à ce soir de printemps où il s'introduit à la tombée du soir chez un vieil homme pour le voler…

Soudain des coups de feu claquent dans le silence… Et, quelques minutes plus tard, un homme de 50 ans se présente en titubant au centre médical de la commune. C'est… André Gosset ! Il a le ventre criblé de plombs, et s'écroule dans un râle devant le comptoir de l'accueil. Quelques minutes plus tard, nouvelle irruption dans le même centre médical de La Clayette. Cette fois, c'est le vieux papy, le visage contusionné. Il dit « [s'être] *battu avec quelqu'un qui est entré par effraction chez* [lui] ». Mais le vieillard ne se souvient pas d'avoir tiré. Et aucun fusil n'a été trouvé chez lui. Pourtant, l'un des deux a tiré ! Les enquêteurs ne chercheront pas trop à savoir qui. André Gosset, sauvé de justesse, retrouvera d'ici peu la prison. Le vieil homme, lui, se remet de ses émotions. Nous lui adressions à l'époque, en même temps que nos félicitations, tous nos vœux de prompt rétablissement ●

Une enquête de notre **correspondant**

Comme dans un film,
Dimitri s'est retrouvé
prisonnier à son insu.

“COMMENT J’AI ÉTÉ ENFERMÉ CHEZ LES FOUS”

Dehors, il neige à gros flocons. Debout dans la chambre de l'hôpital où il vient de passer la nuit, Dimitri Rambeau s'habille rapidement. Pourquoi resterait-il à l'hosto ? Le malaise qui l'a conduit aux urgences est passé et il se sent en pleine forme après une bonne nuit. Aussi est-il surpris lorsqu'une infirmière le rattrape près de la sortie.

— Le psychiatre désire vous parler !

— Le psychiatre ? Pourquoi le psychiatre ? Devant son étonnement, l'infirmière hésite.

— Vous étiez un peu agité, hier, en arrivant, n'est-ce pas ?

« Agité ? Il y avait de quoi, nous explique Dimitri. La veille au soir, 17 janvier, j'avais été terrassé en pleine rue par une crise de tachycardie. Ce qui est paniquant. Quelqu'un avait appelé une ambulance. On m'avait conduit au CHU où un cardiologue n'avait rien décelé d'anormal.

Par politesse, Dimitri Rambeau accepte néanmoins de remonter dans sa chambre où le rejoint une jeune psychiatre. Alors qu'il est debout, sa parka sous le bras, prêt à s'en aller, elle va droit au but :

— Vous ne pouvez pas partir comme ça sans qu'on se voie... Vous avez déjà été interné à plusieurs reprises en hôpital psychiatrique, n'est-ce pas ?

PLONGÉ DANS LA 5E DIMENSION

Le témoignage qui suit est saisissant. Dimitri Rambeau y raconte avec des mots simples comment n'importe qui – lui aujourd'hui, mais peut-être vous ou moi demain – peut se retrouver enfermé chez les fous sans autre forme de procès, broyé par une machine administrative aveugle, sûre d'elle et de son pouvoir.

« J'ai regardé la psy sans comprendre, dit-il. De ma vie, je n'avais jamais séjourné en hôpital psychiatrique. Pas une seule seconde. Mais plus je protestais et plus elle me fixait d'un

> *DEUX TYPES EN BLOUSE BLANCHE M'ONT SAISI PAR LES BRAS. JE ME SUIS DÉBATTU, J'AI PROTESTÉ. MAIS ILS M'ONT TRAÎNÉ VERS LA CHAMBRE.*

air méfiant, comme si elle avait déjà diagnostiqué en moi de sérieux troubles mentaux.

— J'ai vu votre dossier, vous vous appelez bien Dimitri Rambeau ? C'est donc bien vous qui avez déjà été interné, notamment en octobre dernier.

« En octobre, j'étais en stage de formation. Je pouvais en apporter la preuve si seulement on me laissait sortir d'ici. Mais plus je protestais et plus la doctoresse me classait parmi les « agités ». Sans doute par manque d'expérience, – elle était jeune –, ou par déformation professionnelle !

« POURQUOI ME FAISAIT-ON SUBIR CE TRAITEMENT QUE JE PENSAIS RÉSERVÉ AUX FOUS DANGEREUX ? »

— Bon, a-t-elle conclu en m'interrompant, il est clair que votre état nécessite un nouveau séjour en milieu psychiatrique !

« MA TERRIFIANTE AVENTURE COMMENCE »

Quand elle est partie, j'ai essayé de me rassurer. Il suffisait que j'alerte ma famille et ma copine. Ils réuniraient les papiers prouvant que je n'avais pas pu être interné en hôpital psychiatrique au mois d'octobre, pour que l'erreur soit démontrée.

En attendant, je suis sorti de la chambre pour griller une cigarette. Il y avait cinq hommes au bout du couloir. Cinq individus en blouse blanche, avec le badge des infirmiers du CHU, qui se dirigeaient vers moi avec visiblement quelque chose à me dire. J'ai cru qu'on les avait chargés d'un message, comme quoi tout était en règle et que je pouvais m'en aller. Mais non ! Sans un mot, ils m'ont saisi par les bras. Le fait que je marque mon indignation, que je proteste les laissait complètement indifférents. Ils m'ont traîné vers la chambre, fermé la porte derrière eux, plaqué sur le lit. Ils n'étaient pas trop de cinq tant je luttais quand ils ont baissé mon pantalon jusqu'aux genoux. J'ai ressenti une légère douleur. Quel genre de piqûre venaient-ils de me faire ? Je n'en savais fichtrement rien. Mais je comprenais que plus je gueulais et plus j'aggravais mon cas. Ils m'ont attaché les poignets et les chevilles aux montants du lit et m'ont laissé écartelé, prisonnier de quatre sangles de cuir, incapable de faire un seul mouvement. Là, j'ai vraiment paniqué. Comment c'était possible ? Ils n'avaient pas le droit. M'efforçant de reprendre mon calme, je me suis

> *CHAQUE JOUR QUI PASSAIT COMPROMETTAIT MA SANTÉ MENTALE.*

répété qu'une telle méprise ne pouvait pas durer éternellement...

« Pendant mes derniers instants de lucidité, avant que la drogue ne fasse effet, j'ai pensé à Aline, ma copine. Je devais absolument la prévenir. Telle que je la connaissais, elle allait vite remettre les pendules à l'heure ! Mais on avait emporté toutes mes affaires, je ne pouvais pas l'appeler. Ni elle, ni ma famille. Et comme mon métier d'inspecteur des ventes pour un grand éditeur, impliquait que je sois sans cesse en déplacement, aucun de mes proches ne s'inquiéterait de mon absence. Du moins pendant un bon moment. Combien de temps avant qu'Aline ne s'étonne que je ne lui téléphone plus ? Dans une bouffée de panique, je me suis soudain souvenu qu'on s'était disputé le dimanche, juste avant mon départ. Rien de grave. Sauf qu'elle risquait d'interpréter mon silence comme une bouderie !

«ALINE ET MA MÈRE AVAIENT COMMENCÉ À S'INQUIÉTER »

Dimitri a dû dormir longtemps. Il ne se rappelle pas avoir dîné quand on le réveille pour le petit-déjeuner. L'infirmière qui lui prend sa tension lui annonce gaiement qu'il va déménager. Le neuroleptique a dû faire son effet parce qu'il n'oppose aucune résistance quand un infirmier vient le chercher au milieu de la matinée. On l'allonge sur une civière, comme s'il avait perdu l'usage de ses jambes. Une ambulance l'emporte. Où ? Il n'en sait rien et il s'en fiche. Il ne pense plus à rien et se sent plutôt bien.

L'hôpital psychiatrique où on le conduit est un ensemble de bâtiments bas aux façades beiges défraîchies et aux fenêtres opaques, disséminés dans un parc triste, en cette période d'hiver.

Un infirmier m'a aidé à gravir l'escalier menant à l'étage. La chambre qu'on me destinait se trouvait au fond d'un long couloir mal éclairé, sale, sur lequel donnaient des portes fermées. Sur mon passage, des malades aux visages déformés par la démence ricanaient ou poussaient des cris. Ma chambre était équipée d'un judas de surveillance, comme dans les prisons. Le verre de la fenêtre était sablé, ce qui

« Si Aline, ma copine, avait été là, elle aurait remis les pendules à l'heure. »

> J'AVAIS L'IMPRESSION D'ÊTRE EMPRISONNÉ DANS UN CARCAN INVISIBLE...

plongeait la petite pièce au sol carrelé dans une lueur blanchâtre de morgue. Pour tout mobilier, il y avait une armoire scellée dans le mur, une table de nuit, scellée aussi, et un lit sur lequel je me suis laissé tomber. J'étais exténué, comme si je venais de faire le marathon de Paris.

J'ai dormi encore longtemps. – vingt-quatre heures, me dira une infirmière. J'aurais dormi encore plus sans les hurlements des malades. Une abominable odeur d'urine flottait dans le bâtiment, le judas de ma porte claquait à chaque passage de l'infirmier de garde.

À peine sorti de mon lit, j'ai dû troquer mes vêtements pour le pyjama bleu que portaient tous les patients. Comme on m'avait pris ma montre, je n'avais plus la notion du temps. Une infirmière passait régulièrement avec de mystérieuses mixtures. Elle restait pour s'assurer que je vidais bien tout le contenu du verre. C'était des drogues qui me plongeaient dans une sorte de coma éveillé et qui me paralysaient à moitié la mâchoire. Désormais, je devais avoir le même visage bizarre, grimaçant, que les autres malades. J'étais leur égal : un individu vêtu d'un uniforme, à moitié décervelé, craintif, obéissant.

> «LEURS DROGUES M'AVAIENT BOUSILLÉ… IL A FALLU SIX SEMAINES POUR ME SEVRER, ET LE SOUTIEN D'ALINE A ÉTÉ CRUCIAL !

Les couloirs du bâtiment étaient remplis de ces zombies aux yeux fixes, exténués dès le réveil, qui frottaient inlassablement leurs chaussons sur le carrelage lustré. Ils avaient les doigts recouverts d'une pellicule jaunâtre à force de serrer des cigarettes qu'ils tétaient jusqu'à ce que le mégot brûle leurs lèvres. Fumer, c'était leur unique obsession. Du réveil au coucher, ils furetaient en répétant dix fois : « T'as pas une clope ?

Midi et soir, je les retrouvais au réfectoire. Beaucoup, incapables de manger seuls, étaient aidés par des infirmiers. Moi, l'interné par erreur, j'aurais hurlé de terreur et de révolte si les doses qu'on m'administrait ne m'ôtaient pas toute volonté.

FOU IL ÉTAIT, FOU IL RESTERAIT

Plus tard, j'ai su que ce cauchemar avait duré dix-sept jours. Comme emprisonné dans un carcan invisible, j'ignorais que je pouvais téléphoner à l'extérieur. C'est une femme de ménage qui me l'a appris. Un beau matin, sans se rendre compte de l'importance que cette information avait pour moi, elle m'a dit :

— Bien sûr, il y a des téléphones à l'accueil ! vous ne le saviez pas ? C'est gratuit ! Ça évite que les pensionnaires transportent de l'argent avec eux.

Traînant les pieds, courbé comme un petit vieux, je suis allé vers l'une de ces cabines téléphoniques antiques, dans le hall.

À ma grande surprise, aucun infirmier ne s'est jeté sur moi pour m'empêcher de décrocher le combiné. J'avais fini par croire que j'étais en prison ! Rassemblant mes dernières forces, j'ai voulu composer le numéro de ma copine, mais je ne m'en souvenais plus. Le seul qui me revenait était celui de ma mère. Elle m'a dit plus tard que j'avais juste marmonné le nom de l'hôpital et prononcé trois mots avant de raccrocher : « *Viens me chercher…* .

Mon silence leur avait semblé inhabituel. Inquiets, ils s'apprêtaient à prévenir la police. Deux semaines sans nouvelles, ça ne me ressemblait pas, même si je m'étais brouillé avec ma copine.

Après mon appel, ma mère a pris les choses en main. À la première heure des visites, le lendemain, je l'ai vu dans l'encadrement de ma porte. Vous imaginez peut-être qu'elle a pu dissiper immédiatement l'erreur de l'administration et me faire sortir. Eh bien, non !

Fou j'étais, fou je resterais, car l'administration a toujours raison ! Maman a fait remarquer que sur mon certificat d'hospitalisation, figurait une autre date de naissance que la mienne, preuve qu'il y avait erreur sur la personne. « *Il ne sortira que si vous trouvez une structure pour le socialiser* », lui répondait-on, sourd à tous ses arguments.

Ma mère s'étranglait de rage, mais elle a vite compris qu'il valait mieux faire profil bas. Elle a donc réuni tous les papiers nécessaires : attestation de domicile, fiches de paie, etc. Il fallait faire vite. Car chaque jour qui passait compromettait pour le coup ma santé mentale.

Le 3 février, j'ai enfin franchi les grilles de l'hôpital. J'y aurai passé dix-sept jours. Dix-sept jours qui m'ont paru dix ans. Aline – à qui j'avais interdit de venir me voir chez les fous – est venue me chercher avec ma mère. Les psys m'avaient tellement bousillé avec leurs drogues qu'il a fallu six semaines pour me sevrer complètement. Dès que j'ai retrouvé un peu d'énergie, je me suis mis à la recherche de l'autre Dimitri Rambeau. Car, à l'hôpital, ils refusaient toujours d'admettre leur erreur. Si j'étais sorti, selon eux, c'est que « j'étais guéri ». Grâce à eux, bien sûr !

Le seul moyen d'obtenir réparation, c'était d'identifier mon homonyme. Il m'a fallu du temps pour mettre la main dessus. Je l'ai appelé. C'était bien lui ! Il m'a confirmé qu'au cours d'une crise, il était passé par le CHU avant d'être interné dans l'hôpital psychiatrique où j'ai moi-même été enfermé. Mais quand je lui ai demandé de témoigner pour moi, il a refusé tout net.

Pourtant, j'étais bien décidé à déposer plainte pour internement abusif. La suite va vous sembler incroyable... Je viens de recevoir les attendus du jugement et, devinez quoi, j'ai perdu ! La justice a cru sur parole le rapport médical stipulant « *l'état d'agitation verbale* » que j'aurais présenté aux urgences du CHU. Et, à en croire l'enquête, « *aucune confusion n'est possible avec un autre Dimitri Rambeau !* »

Désormais, jusqu'à la nuit des temps, je figurerai comme fou dans les fichiers de l'administration. Avec le vrai malade qui porte le même nom que moi, nous serons deux Dimitri Rambeau susceptibles d'être internés à tout moment. ●

Le CHU a refusé de nous recevoir et nous a menacés de poursuites si nous citions son nom.

Une enquête de notre **correspondant**

Brahim avait mis sa maison en vente. C'est là qu'il a été atrocement tué.

La vengeance est un plat
qui se mange froid.
Dans certains cas, elle peut même
attendre un demi-siècle…

SANG ET FUREUR AU N° 27

LONGWY
Mai 2014

Il fréquente le *Longo*, un café-PMU presque invisible, au pied d'un immeuble gris, près de la gare routière de Longwy. Tous les matins, Brahim y entre sans se faire remarquer, s'installe à une table du fond et commande un petit noir. En le buvant, il fait son tiercé, ses fines lunettes levées vers la télévision. À la table voisine, des joueurs tapent le carton. Au bar, d'autres parieurs commentent leurs résultats. Si quelques buveurs s'échangent des confidences, Brahim, lui, reste toujours silencieux derrière son épaisse moustache. À peine adresse-t-il quelques mots à la gentille brune qui sert les consommations. Toujours poliment. Le ton d'un petit homme que les jeux et les débats de comptoir n'enflamment plus. Un homme de 82 ans. S'il a connu des émotions, elles sont désormais enfouies en lui, réprimées, muettes.

DES GENS PUDIQUES, SILENCIEUX...

Une heure plus tard, il quitte le bar. Devant lui, l'avenue de la Princesse-Charlotte forme une place monumentale, presque trop vaste pour cette petite ville de 11000 habitants. Brahim marche cent mètres jusqu'à la mairie. En face, quatre bancs entourés d'un maigre carré d'arbres forment son salon. À mesure que la matinée avance, d'autres hommes le rejoignent. Des hommes qui lui ressemblent. D'anciens ouvriers arrivés d'Algérie cinquante ou soixante ans plus tôt, pour faire tourner les usines sidérurgiques, et qui n'ont pas voulu quitter ce coin de Lorraine au moment de la retraite.

Comme Brahim, ils sont vêtus de sombre. La conversation roule sur le temps qu'il fait. L'usine d'autrefois. La santé qui décline. Jamais sur la vie privée. Question de pudeur. « *Ce qui se passe à la maison reste à la maison.* » C'est la règle dans le quartier.

LA VIE PRIVÉE DES AUTRES NE SE COMMENTE PAS

Cela n'empêche personne d'être informé de tout. Des problèmes de couple de Brahim, par exemple. Sa femme, Gezala, a dix ans de moins que lui. Elle n'a jamais vraiment appris le français. Contrairement à son mari, elle n'aime pas cette région de France, elle s'y ennuie. Six mois par an, elle rentre en Algérie trouver un peu de joie et de soleil dans sa famille. Le reste du temps, elle reste enfermée avec Brahim qu'elle sert à table debout, en silence, sans jamais s'asseoir en face de lui.

> *« IL Y A DES CRIS, DES DISPUTES, DES LARMES, DES COUPS PEUT-ÊTRE... »*

Dans la rue aussi, elle garde respectueusement ses distances. Lui marche devant, le visage fermé, sec. Elle, trois pas derrière, en foulard et blouse longue. Est-ce la fatigue, son embonpoint et son diabète qui l'empêchent de marcher au même pas de son mari ? Ou bien est-ce lui, « l'homme », qui l'exige ?

Quand on la croise, Gezala a parfois le visage baigné de larmes. Les voisins font mine de ne rien voir. Et d'ignorer toutes les mains courantes que les vieux époux déposent l'un contre l'autre à la police, depuis des mois.

De temps en temps, un des retraités dit seulement : « *J'ai vu Brahim et Gezala passer en voiture hier.* » Les autres comprennent que les vieux époux sont temporairement réconciliés. Ou bien alors : « *Gezala rentre au pays.* » Et ils comprennent qu'elle a préféré s'éloigner, avant qu'il n'arrive un malheur...

Il est midi. Brahim se lève de son banc. On le salue juste d'un mouvement de tête. Il grimpe dans sa 206 blanche pour parcourir le kilomètre qui le sépare de chez lui, avenue du Maréchal-Foch, au 27. Une maison grise sans vie que le couple a achetée il y a vingt-cinq ans et qu'il cherche à vendre depuis longtemps. Mais qui voudrait vivre dans un endroit si triste ?

UNE MAISON QU'IL VOUDRAIT VENDRE DEPUIS DES ANNÉES

Vendredi 23 mai 2014. Il est 8 heures du matin quand des cris s'élèvent sur le trottoir de l'avenue. Une voisine glisse un regard par la fenêtre de l'étage. Gezala est plantée dehors, les bras levés au ciel. Elle hurle, de manière inhumaine. Un

> *ELLE A ATTENDU UN DEMI-SIÈCLE AVANT DE SE RÉVOLTER, MAIS, QUAND ELLE S'EST RÉVEILLÉE, ELLE A FAIT UN CARNAGE.*

passant s'arrête et l'interroge. Puis il lève la tête pour expliquer :

— Cette dame dit que son mari est décédé.

La voisine descend précipitamment de son appartement du troisième. Mais quand elle s'approche de Gezala, elle s'aperçoit que sa silhouette courtaude est trempée de sang ! Le couple, visiblement, a été victime d'une agression. Et Brahim ? Est-il encore temps de lui porter secours ? La voisine, qui ne manque pas de cran, prend Gezala par le bras :

— Venez avec moi ! Il faut retourner chez vous ! Il a besoin de secours...

Les deux femmes pénètrent à l'intérieur. Au sol, des carreaux de ciment beiges, rouges et noirs. Aux murs, une tapisserie bleu ciel usée, fanée. Le séjour est à gauche. Son store est baissé, son lustre éteint. Mais l'horreur se passe de lumière. Il suffit de sentir l'odeur de sang fade qui emplit la pièce. On se croirait dans la chambre froide d'un tripier. Sur le canapé gît un corps méconnaissable. La peau de Brahim est déchirée en longues lanières sanguinolentes dispersées autour de lui. Sa cage thoracique a été ouverte et son cœur arraché. Son nez aussi, tranché net, comme ses organes génitaux. Tous les instruments du carnage sont encore là : le pilon et le couteau noirs de sang, près du canapé ; mais le pire n'est pas là. Le pire, c'est ce que les enquêteurs vont découvrir dans la cuisine. La tête entre les mains, la voisine titube au-dehors, épouvantée, pour prévenir les secours.

MAIS POURQUOI CE DÉCHAÎNEMENT DE VIOLENCE ?

Les pompiers arrivent, puis la police. Les enquêteurs cherchent le fusil. Pour eux, la plaie qui défigure Brahim est si profonde qu'il a fallu la puissance d'une arme à feu pour l'occasionner ! Mais non ! Gezala leur désigne dans la cuisine un mortier en bronze qui sert à piler les épices. Il faut faire venir un interprète pour qu'elle explique ce qui s'est passé.

Le jeudi soir, explique-t-elle dans sa langue natale, un de leurs fils est venu partager leur dîner. Le jeune homme parti, une dispute a éclaté. Brahim a fini par s'allonger sur le canapé du séjour. Il s'est assoupi.

Qu'est-ce qui a déchaîné la violence subite de Gezala, alors que son mari était endormi, inoffensif ?

— Hada chakhso yokhisoni (il me faisait peur), répète-t-elle.

En cuisine, elle empoigne le pilon, fait irruption dans le séjour et frappe Brahim en plein front. Le premier coup enfonce l'os. Les suivants transforment le visage de l'homme en une pulpe informe. Comme en transe, Gezala le martèle avec le lourd cylindre de métal, comme si elle voulait effacer ses traits. La vue du sang augmente encore sa rage. Elle va chercher un couteau de boucher de 30 centimètres, qu'elle enfonce de toutes ses forces dans l'abdomen de l'octogénaire.

Avec un acharnement indescriptible, elle déchire le corps, extrayant des morceaux de chair, les dispersant autour d'elle. Sa fureur se concentre sur certains organes symboliques : le cœur, qu'elle arrache, le nez, qu'elle tranche, les organes génitaux, qu'elle mutile avant de les rassembler dans un faitout... C'est le couronnement délirant du crime de Gezala : faire mijoter les organes génitaux de son mari et d'autres « morceaux choisis » sur sa cuisinière ! Elle jette ensuite le reste aux ordures. Les policiers, nauséeux, doivent se pencher au-dessus de chaque poubelle et fouiller à l'intérieur pour les rassembler.

— Hada chakhso yokhisoni, répète la septuagénaire comme seule et unique explication à ce déchaînement d'horreur.

LES VOISINS, LES ENFANTS, LES PROCHES NE DORMENT PLUS

Au cours de sa garde à vue, elle a paru atteinte d'hallucinations. Les experts l'ont cependant déclarée accessible à une sanction pénale.

Son avocat soutient que Brahim a pu agresser sa femme, et compte tenu de ses antécédents, il n'exclut pas de plaider la légitime défense pour sa cliente.

Depuis le crime, les voisins du quartier, les enfants, les proches de la victime ne dorment plus. L'amicale des Algériens de Longwy a attendu que la justice rende ce qui reste du corps de Brahim pour l'enterrer dans son pays natal.

Ce drame doit servir d'avertissement à tous les hommes violents. La vengeance est un plat qui se mange froid. Elle peut même attendre un demi-siècle avant de se mettre en œuvre, comme dans le cas de Gezala...

Une enquête de **Mathieu Fourquet**

4 PETITES FILLES JETÉES D'UNE FALAISE

Photos d'illustration

La voiture rebondit sur
la paroi de la falaise.
Après un dernier tonneau,
elle s'immobilise au fond
du ravin Dans
un silence de mort...

AVALLON
Mai 2014

La scène fait froid dans le dos. La falaise, ses 30 mètres d'à-pic, et, tout en haut, face au précipice, à seulement deux petits mètres du vide, un Renault Espace vert foncé. À l'arrière, quatre fillettes de 4 à 9 ans. Silencieuses, les yeux remplis de crainte. Les plus jeunes sont attachées dans leur siège auto. Les aînées, même si elles n'ont pas mis leur ceinture de sécurité, sont prisonnières, elles aussi. Car leur père a verrouillé les portières.

À l'extérieur du véhicule, penché à la vitre, le commandant des sapeurs-pompiers répète d'une voix calme, persuasive:

— Monsieur, vous devriez sortir de votre voiture. On peut parler tous les deux tranquillement. Expliquez-moi juste ce qui ne va pas.

Mais le conducteur ne bronche pas. Les mains posées sur son volant, pied sur l'accélérateur et moteur en marche, prêt pour le grand saut.

Depuis dix bonnes minutes, le pompier tente de le dissuader de se jeter dans le vide avec ses quatre enfants. Au début, le père de famille acceptait de le regarder et de discuter. Mais maintenant, il garde les yeux fixés sur l'abîme. À l'arrière, les petites filles ont parfaitement compris ce que leur père voulait faire. Elles le supplient qu'il ouvre les portières et appellent leur mère.

— Si vous ne voulez pas descendre, laissez sortir vos filles, s'il vous plaît, tente le pompier.

C'est à cet instant que tout bascule. Le moteur vrombit et le monospace, dans un nuage de poussière, fonce vers le vide, les quatre enfants emprisonnées à l'arrière. Une horreur qui semble presque irréelle. La voiture heurte violemment la paroi de la falaise dans un fracas de tôle, rebondit comme une balle, part en tonneaux, heurtant la pente à chaque rotation.

Le pompier croit entendre les enfants crier « *Maman!* ». Et puis plus rien. Un dernier tonneau et la voiture brisée s'immobilise sur ses quatre roues dans un silence de mort.

Cet après-midi du samedi 17 mai, au lieu-dit de La Roche Percée, le pire est arrivé. Un père de famille a mis fin à ses jours en entraînant avec lui dans la mort ses quatre enfants. Les pompiers, regardant d'en haut le désastre qu'ils n'ont pas pu empêcher, se demandent comment ils vont faire pour annoncer une telle horreur à une maman.

Un miracle ! Le père et ses quatre filles sont sortis vivants de la carcasse de cette voiture après une chute de plus de trente mètres.

UN HOMME NORMAL AU DÉBUT

Ce qui vient de se passer à La Roche Percée, Hyacinthe, la mère des quatre petites filles, savait que cela risquait d'arriver et elle a tout fait pour l'éviter. Au fil des années elle a vu la personnalité de son mari se transformer jusqu'à ce qu'il devienne un autre homme. Un homme qu'elle n'aurait jamais épousé.

Au début, en 2003, Gil était quelqu'un de bien. Il exerçait avec sérieux son métier d'employé municipal. À la maison, il était bricoleur, bon jardinier, bon voisin. Bref un compagnon idéal. Mais il a commencé à boire et à traîner le soir au bistrot. Si Hyacinthe osait un reproche, il devenait d'une violence terrifiante. Derrière les fenêtres, les voisins entendaient souvent les vociférations de l'alcoolique.

> *À L'ARRIÈRE DU RENAULT ESPACE, LES FILLETTES ONT PARFAITEMENT COMPRIS CE QUE LEUR PÈRE VOULAIT FAIRE. ELLES SUPPLIENT QU'IL OUVRE, APPELLENT LEUR MÈRE.*

Juste avant l'été 2013, complètement ivre, il se casse le fémur en sortant d'un troquet. Le médecin diagnostique une dépression et le met en arrêt maladie. Hyacinthe, qui jusqu'ici restait à la maison pour s'occuper des petites, doit chercher un travail dans l'urgence. Elle trouve un emploi de caissière à Lidl, à Avallon.

Pendant qu'elle enchaîne les heures derrière sa caisse, passe sa journée au bar. Il n'hésite pas à y emmener les petites et, quand il les ramène en voiture le soir, il n'est pas rare qu'il soit ivre mort.

À sa caisse, Hyacinthe redoute un accident, elle y pense sans cesse. Mais que faire ? Il lui faut travailler pour subvenir à leurs besoins et, en même temps, elle les met en danger, chaque fois qu'elle les laisse seules à la garde d'un l'ivrogne.

C'EST JURÉ, IL VA FAIRE DES EFFORTS

En mars 2014, après une énième dispute, elle fait sa valise et s'installe chez sa mère avec ses filles, dans le village de Fontenille, près d'Avallon. Il part en cure de désintoxication en lui jurant qu'il va faire des efforts. Mais c'est trop tard. À sa sortie, Hyacinthe lui explique que c'est fini.

Il la supplie de pouvoir voir au moins ses filles de temps en temps. Hyacinthe veut s'y opposer mais voilà que les services sociaux s'en mêlent. Ils insistent pour que les petites filles puissent voir leur père régulièrement. Hyacinthe doit céder devant l'autorité.

Et c'est ainsi que le samedi 17 mai 2014, elle voit partir ses quatre filles avec leur ivrogne de père.

À 16 heures, son téléphone portable sonne. C'est lui.

—Je suis à La Roche Percée, lui annonce-t-il. Viens m'y retrouver maintenant ou tu ne reverras plus les enfants.

Hyacinthe connaît ce lieu-dit, tout proche du village de Pierre-Perthuis. Les touristes s'y rendent pour admirer la vue du haut de cet à-pic vertigineux. Elle aussi a visité l'endroit. Un gouffre qu'elle trouvait fascinant mais qui aujourd'hui la remplit d'effroi.

—Laisse les petites en dehors de tout ça. Elles n'y sont pour rien ! supplie-t-elle

—Si tu ne viens pas, je les tue, toutes les quatre, dit-il avant de couper brutalement la communication.

Affolée, la mère appelle les secours. Les pompiers de la caserne de Vézelay prennent immédiatement la route. Ils ne sont qu'à dix minutes du lieu-dit. Une fois sur place, ils poussent un ouf de soulagement en apercevant le Renault Espace de Gil. Ils n'arrivent pas trop tard !

Mais la voiture est stationnée bien trop près du précipice et les petites sont à l'intérieur. Une rude discussion s'engage entre et le commandant des pompiers.

LE POMPIER ESSAIE DE NÉGOCIER

Pendant dix minutes qui lui semblent une éternité, le chef des pompiers essaie de convaincre le père. Pendant dix minutes, il parvient à retarder l'issue fatale. Mais soudain, c'est le drame. La voiture rebondit sur la pente et fait plusieurs tonneaux avant de s'immobiliser au fond du ravin. Les cris des enfants se sont tus. On n'entend plus rien, juste un silence de mort.

Puis, tout à coup, les pompiers croient voir une portière bouger. La tôle est enfoncée, les charnières faussées, mais elle finit par s'entrouvrir et les pompiers, descendus à mi-pente, aperçoivent quelque chose. Une silhouette ? Une silhouette d'enfant ? Il y aurait une rescapée après une telle chute ?

Ils la voient se pencher. Elle disparaît à l'intérieur du véhicule, réapparaît. Elle traîne quelque chose. L'une de ses sœurs ? Une petite fille qui a l'air de bouger elle aussi. Il y aurait donc deux rescapées ? Et voilà qu'une troisième apparaît. Les sauveteurs courent dans la pente. Ce qu'ils voient est comme un mirage. Les quatre enfants sont vivantes ! Trois d'entre elles ne souffrent que de petites plaies et bosses. Une seule est blessée mais sans grande gravité. On les prend en charge. Le chef des pompiers essuie vite une larme sur sa joue, car la joie peut faire pleurer comme la peine. On dégage le conducteur de la voiture. Il a un bras et une jambe en sang mais il a survécu lui aussi.

ELLE POUSSE UN HURLEMENT

Hyacinthe arrive sur les lieux presque en même temps que les ambulances. Elle pousse un hurlement en apercevant la carcasse au fond du ravin. Mais les sauveteurs qui redoutaient le moment où ils devraient lui annoncer l'horreur, l'accueillent, sourire aux lèvres. Ses quatre filles sont vivantes ! Elles se jettent dans les bras de leur maman. On les emmène à l'hôpital d'Auxerre pour des examens. Physiquement elles n'ont rien. Mais sans doute les blessures psychologiques mettront-elles du temps à guérir. N'empêche. Elles ont la vie devant elles et c'est cela qui compte.

Gil fut mis en examen pour tentative d'assassinat sur ses filles et, bien que présumé innocent, incarcéré. Il dut répondre de ses actes devant une cour d'assises

Pour ceux de nos lecteurs qui sont croyants, il reste à remercier Dieu pour avoir, cet après-midi du 17 mai 2014, envoyé un ange à La Roche Percée. Cet ange a retenu dans sa main quatre petites filles qui ne devaient pas mourir. ●

Une enquête de **Mathieu Fourquet**

Ces traces de sang sur le palier où a eu lieu le crime donne une idée de la violence de l'attaque.

“

JE SUIS DIEU, JUSTICE EST FAITE !

”

« À force de travailler sur des faits divers, on voit le danger partout. Comme ce jour où l'homme qui m'a ouvert avait un couteau à la main. »

CHERBOURG
Avril 2006

À force de travailler sur des affaires criminelles, on finit par se persuader que le danger est partout, que la violence frappe au hasard. Comme ce jour où j'ai bien cru que mon tour était arrivé. La nuit était déjà tombée. Mon portable a sonné. Un homme que j'avais interviewé par téléphone le matin me proposait de passer chez lui, pour prendre des photos utiles à mon article. Je savais qu'il habitait une cité difficile, dans un quartier qui avait connu des émeutes. Avant de sortir, j'ai retiré ma carte bancaire et mes papiers de mon portefeuille. J'ai enfilé un blouson des plus banal. Puis j'ai appelé un taxi.

Arrivé au pied de l'immeuble, j'ai suivi ses indications. Aucun dealer tapi dans l'obscurité. Aucun groupe de « racailles » prêt à m'agresser. J'étais presque rassuré quand j'ai sonné à sa porte. Il m'a ouvert brutalement, un couteau à la main. Je n'ai pas hurlé. J'ai juste pensé : ça y est. Moi aussi, je vais avoir droit à un article dans *Détective*. À mon regard, mon informateur a compris et s'est excusé. En attendant mon arrivée, il coupait des légumes pour la soupe. Il m'a fait entrer, m'a offert un verre et m'a donné les photos promises. Il était très gentil. Moi, je n'arrivais pas à oublier ma peur. J'avais l'impression de revivre ce qui était arrivé six mois plus tôt, dans une ZUP de Cherbourg...

LE JOYEUX DRILLE EST NU !

Nous sommes le 5 avril 2006, dans la sous-préfecture de la Manche. Pascal R. n'arrive pas à trouver le sommeil. Peut-être parce qu'il est au chômage et que cette idée le tourmente. Peut-être aussi parce qu'après des années de tentatives infructueuses, sa compagne attend leur premier enfant. Couchée à ses côtés, fatiguée par sa longue journée d'aide ménagère, elle respire doucement. Son ventre gonflé sous le drap annonce une naissance imminente.

Vers 3 heures du matin, Pascal finit par se lever. Assis dans la cuisine, en caleçon, il se sert un café, il regarde sa montre, il hésite. Il regrette d'avoir refusé l'invitation de Joseph, un vieil ami, qui organisait une soirée entre copains. Il lui envoie un SMS :

— C'est toujours la fête chez toi ?

La réponse de Joseph vient presque aussitôt :
— Passe quand tu veux, on t'attend !

Pascal n'hésite plus. Il enfile un survêtement et se glisse dehors, dans la fraîcheur de la nuit. Depuis chez lui, il emprunte l'avenue de Normandie, passe devant l'église moderne Saint-Pierre-Saint-Paul, aux formes géométriques futuristes, et il remonte la rue d'Anjou. Dans le quartier des Provinces, chaque artère porte le nom d'un coin d'une région de France. Mais seuls de grands ensembles uniformes les bordent. Au 6, place d'Armorique, se dresse un immeuble triste, aux lumières éteintes. C'est là qu'habite Joseph. Au quatrième étage.

La scène qui va suivre n'a eu aucun témoin. Pourtant, des années après avoir enquêté sur l'affaire, je peux la reconstituer de mémoire, comme si j'y avais assisté. Pascal grimpe les escaliers. Il arrive sur le palier. Il frappe à la porte. Un fêtard lui ouvre, passablement agité. Le joyeux drille est nu, avec un bonnet sur la tête ! Pascal est un peu surpris, mais pas affolé. Il se dit que la soirée doit être arrosée. Que c'est bon signe. Qu'il va bien s'amuser. Il est prêt à se joindre aux convives.

IL SONNE CHEZ UN DINGUE !

— Viens, tu vas prendre un verre ! propose l'homme au bonnet, avec un drôle de sourire.

Quand Pascal pénètre dans le salon, il se rend compte de son erreur. La pièce est déserte, à peu près vide de meubles. En fait, Pascal n'est pas au quatrième étage, chez son copain ! Il s'est trompé. Il est au 3e. Et si un locataire lui a ouvert tout nu, en pleine nuit, ce n'est pas parce qu'il fait la fête...

Le destin a voulu que Pascal fasse une insomnie. Le destin a voulu qu'en rejoignant ses amis, il se trompe d'étage. Le destin a voulu qu'il sonne chez un dément. Et le destin, encore lui, a voulu que le dément soit en pleine crise cette nuit-là.

IL N'A PAS LE TEMPS DE FAIRE DEMI-TOUR

Âgé d'une trentaine d'années, le locataire du 3e, un certain P. L., est schizophrène. Placé en hôpital psychiatrique par ses proches, il a réussi à en sortir, en faisant croire aux médecins qu'il avait retrouvé un équilibre mental. Il s'est installé à Cherbourg, soi-disant pour travailler sur les chantiers. Mais depuis quatre mois, il vit enfermé, ne prend plus son traitement, et déraille complètement !

Ce 5 avril 2006, il est plongé dans un impénétrable délire mystique. Et quand

Pascal frappe par erreur à sa porte, il interprète son apparition comme un signe. L'inconnu qui lui rend visite en pleine nuit ne peut être qu'un envoyé du démon ! Il faut l'attirer à l'intérieur, et lui régler son compte.

Quand Pascal veut s'en aller, en s'excusant poliment de s'être trompé d'étage, P. L. est plus rapide. Il saisit une chaise et l'abat sur son crâne. Puis il attrape un marteau, et frappe comme un sourd. Pascal tombe, inconscient. Sans désemparer, le dément tire de sa poche un Laguiole, déplie la lame et commence à tailler dans son jean. Puis dans son ventre, à travers la toile.

Ce n'est pas un meurtre, c'est autre chose d'indescriptible. C'est un sacrifice. Une cérémonie délirante, scandée par une suite de mutilations ignobles, et dont le sens échappe à tout le monde, mais que P. L. conduit avec une détermination aveugle. À cheval sur sa victime, il lui lacère la taille en grognant. À grands coups de lame, il lui tranche les doigts, les oreilles. Puis il castre Pascal R. et fourre son sexe dans ses entrailles ! Il y enfonce aussi son marteau quand il a fini de l'utiliser. Pascal n'a pas eu le temps de crier. Dans l'immeuble, personne n'a rien entendu. Pas même ses amis qui, un étage au-dessus, terminent leur petite fête sans lui. À 4 heures du matin, le bâtiment est endormi. P. L. s'enhardit. Il saisit le cadavre par les pieds et le traîne dans l'escalier, laissant de marche en marche une large coulure rouge, semée de lambeaux de chair... Puis il le tire sur le trottoir, jusqu'au coin de la rue d'Anjou. Finalement, il s'arrête, désorienté. Comme si la suite de sa mission lui échappait.

CE TYPE, ELLE NE LE SENT PAS

Est-ce l'odeur du sang qui l'a alerté, ou simplement le sentiment d'une présence anormale dans la nuit noire ? Dans l'immeuble, un chien s'est réveillé. Il hurle. Son maître, Mounir, jette un œil par la fenêtre. Dans la lumière d'un réverbère, le jeune homme découvre une scène étrange. Un homme nu, coiffé d'un bonnet, se tient immobile. À ses pieds, un autre homme est vautré sur le goudron. L'homme au bonnet lève la tête vers la fenêtre éclairée et interpelle Mounir :

— Eh mec, t'as pas du papier journal ?

Mounir fait « non » de la tête.

— Mon copain ne va pas bien, il faudrait faire quelque chose, tu peux descendre ?

Croyant avoir affaire à deux ivrognes, Mounir s'apprête à sortir pour les aider. Mais la providence veut que sa compagne se réveille. Elle le retient par le bras en lui disant que ce type, elle ne le sent pas, et que mieux vaut verrouiller leur porte à double tour...

Les yeux de Mounir s'habituent à la pénombre. Et il s'aperçoit que l'homme couché sur le trottoir a le ventre barbouillé d'une traînée noire... Il a aussi un objet dans la bouche. Quand il comprend, Mounir bondit en arrière. Ce qui dépasse de la bouche de l'individu, c'est le manche d'un couteau ! En bas, P. L. se met à hurler :

— Je suis Dieu ! Justice est faite ! Rejoignez-moi ! Mettez-vous nus !

Il se jette à genoux et se prosterne à côté du cadavre, dans un simulacre de prière grotesque. De temps en temps, il s'interrompt pour plonger les doigts dans les orbites vides de sa victime. Mounir croit devenir fou ! Sa copine a déjà prévenu la police. On lui a promis qu'une voiture serait sur place rapidement. Mais que se passera-t-il si l'homme au bonnet s'enfuit ? Ou s'il croise un passant ? En bas, dans la rue, sa crise délirante le secoue. Il tend un poing sanglant vers la fenêtre de Mounir :

— Vous serez punis ! Je reviendrai vous arracher les yeux !

Heureusement, la police arrive presque aussitôt sur la place d'Armorique. Et les policiers interpellent rapidement le cinglé, qui se laisse ceinturer sans résister. Le plus pénible reste à faire. Il faut recouvrir le corps mutilé de Pascal R. avec une couverture. Puis avertir sa compagne. Elle dort encore. Dans son sommeil, elle croit toujours Pascal auprès d'elle. On devine son épouvante quand la police lui apprend qu'en pleine nuit le hasard l'a jeté sous le couteau d'un fou...

Une fois mon article écrit, j'ai voulu aller un peu au-delà de l'enquête, et essayer de savoir ce qu'étaient devenus sa compagne et son bébé. J'ai appris que la jeune femme avait fait célébrer les obsèques de Pascal dans une petite église de la périphérie de Cherbourg, avant d'entrer les jours suivants à la maternité, pour y accoucher.

DEUX PARENTS MORTS EN QUINZE JOURS

J'ai su que le 19 avril, deux semaines tout juste après le meurtre de son compagnon, elle avait mis au monde une petite fille. Mais qu'ensuite son cœur épuisé avait lâché. On m'a dit que le nouveau-né avait été pris en charge par l'aide sociale à l'enfance.

Deux parents morts en quinze jours. Deux photos barrées de noir de part et d'autre d'un berceau. Quand je repense à la petite fille, qui doit grandir à présent sous un autre nom, du côté de Cherbourg ou d'ailleurs, je me dis que le destin prend parfois un malin plaisir à broyer ses proies. ●

Une enquête de **Sylvain Auffret** *et de* **Michel Mary**

BRÈVES

MIROIR, Ô MON MIROIR… « DIS-MOI QUE JE NE SUIS PAS VIEILLE »

Comment a-t-elle eu vent de « la méthode Suisse » ? On l'ignore, mais elle est très vite partie là-bas.

BÂLE
Mars 2014

Dans le miroir où elle se contemple, Oriella Cazzanello voit les visages de deux femmes qui se superposent… Celle qu'elle était autrefois, une grande brune à l'ovale parfait, belle comme une vedette italienne de l'après-guerre, Sophia Loren ou Gina Lollobrigida. L'autre, celle qu'elle est devenue, une octogénaire ridée.

Pour préserver ses traits parfaits, Oriella a toujours mené une vie sobre – pas de soleil, pas d'alcool, pas de tabac – et n'a voulu ni mari ni enfants. Sa fortune familiale aidant, elle a vécu en célibataire élégante et oisive dans la petite ville d'Arzignano. Jusqu'à ses premières rides.

Massages, gommages, peelings, liftings… À son amie Maria, elle jure qu'elle serait prête à tout pour arrêter de vieillir. À tout ?

Oriella, en 1954, lors de sa victoire au concours de reine de beauté.

Les premiers jours de 2014, elle réserve un billet d'avion pour Bâle. Lors de son départ, ses proches la trouvent détendue, heureuse. Des semaines s'écoulent. Oriella ne réapparaît pas. Son frère tente sans succès de la contacter. Enfin, on lui annonce qu'un paquet l'attend à la poste. Un paquet venu de Suisse. On lui remet une boîte en carton, expédiée par une entreprise dont il ignore le nom. Il l'ouvre, en retire une lettre, un étrange cylindre, et manque de défaillir ! Ce cylindre, c'est une urne funéraire ! Les cendres d'Oriella ! La lettre explique qu'elle avait demandé à être euthanasiée. Une injection mortelle, paraît-il sans douleur. Progrès des mœurs ? Délire effrayant ? Les questions que se pose la police italienne ne sont pas d'ordre philosophique.

En prenant connaissance de ses dernières volontés, ils ont découvert que la défunte léguait une assurance-vie de 800 000 euros à un obscur gardien de nuit devenu son confident ! L'a-t-il manœuvrée sans scrupule ? Quoi qu'il en soit, cette affaire démontre que l'autorisation du suicide assisté peut conduire à de terribles excès. Voire à des meurtres.

Une enquête de notre **correspondant**

Oriella à 80 ans...

Hypnose

Comment ça marche

Utilisé à l'hôpital par des professeurs en médecine, l'hypnose permet d'atténuer un traumatisme. Après un choc psychologique violent, certains patients perdent l'usage de la parole. Ils gardent en eux une souffrance telle qu'ils la croient incommunicable. En les plongeant dans la somnolence, le psychothérapeute atténue leurs défenses. Il les guide par des images, dans un univers de couleurs et de sons. Le bruit de la pluie, le froid des pieds humides... L'esprit est envahi de sensations, il perd ses défenses mentales, se détend...Et la parole se libère.

CONFESSION SOUS HYPNOSE

La pluie, le froid, une voiture,
son mari, une femme morte…

CAEN
Mai 2008

F*ixez un point sur le mur, ne pensez à rien…* »

D'une voix monocorde, soporifique, l'hypnothérapeute plonge I. dans une douce torpeur. La jeune femme tombe en léthargie, son ouïe et même son toucher perdent de leur acuité. Quand toutes ses défenses mentales se sont effondrées, alors, d'une voix lente, lointaine, l'hypnothérapeute attaque :

— Il pleut à verse. Vous rentrez du travail. Toute la maison est plongée dans le noir. Votre mari devrait être là, mais il est absent… (l'hypnothérapeute marque un long silence.) Vous êtes dans la maison, I., vous retirez vos souliers, vos pieds sont trempés… Vous sentez ce froid ? Racontez la suite… La pluie frappe sur les carreaux. Vous l'entendez ? Vous avez peur. De quoi, vous ne savez pas. C'est confus. Comme un pressentiment…

Les lèvres d'I. bougent. Elle commence à parler.

IL N'Y A PAS ÂME QUI VIVE, ICI !

« J'entends chacun de mes pas dans le jardin qui produisent un floc désagréable. Quelle pluie ! Plus que quelques mètres avant d'être à l'abri et de pouvoir retirer mes souliers tout trempés. J'y suis presque. Se changer, border les filles, manger un bout et… dodo ! Je l'ai bien mérité après cette journée à l'hôpital.

« Tiens ! A. a oublié de fermer la porte d'entrée. Mais c'est l'obscurité totale, ici ! L'entrée, le couloir, le salon, la cuisine… Pas âme qui vive dans la maison. Avec les cordes qui tombent dehors, c'est lugubre. Et les volets qui ne sont même pas fermés. A., c'est tout un programme… On est vendredi soir, il n'a pas bossé de la journée et à 21 heures passées, il n'est pas là. Qu'est-ce qu'il fabrique encore ? J'espère au moins qu'il a couché les petites. Zut ! Même mes chaussettes ont trinqué, elles laissent des traces sur les marches de l'escalier. Trop crevée pour nettoyer, on verra demain. Un rayon de lumière filtre par le bas de la porte de la chambre des filles. J'ouvre et les silhouettes familières de deux magnifiques poupées surgissent dans un halo de lumière. C'est toujours un tiraillement, le soir, en rentrant. D'un côté, l'envie folle de passer du temps avec elles et de les câliner. De l'autre, la petite voix de la raison qui martèle que les enfants, ça doit se coucher tôt. Non, mais vous avez vu l'heure ? Ah, il n'y a pas école demain ? Ce n'est pas une raison. À 8 ans, on a besoin de dormir. Allez, au lit, et vite ! Comment ça, Papa est parti réparer la clôture ? Qu'est-ce que c'est encore que cette histoire ?

> VOUS AVEZ FROID, VOS PIEDS SONT TREMPÉS, VOUS LE SENTEZ ?

PAS UN BRUIT. MAMAN VA CHERCHER PAPA...

Pas la peine de hausser la voix, elles n'y sont pour rien. C'est juste qu'après une journée de stress à l'hôpital, c'est difficile de garder son contrôle. Bref, ce soir, après s'être coltiné les plaintes des patients pendant huit heures, moi, la gentille infirmière urgentiste, je n'ai pas très envie de passer à nouveau mon uniforme pour remettre de l'ordre à la maison... Il est 21 h 30. Pas de trace d'A.. Pas d'appels en absence. Il n'a pas fait dîner les filles. Donc, après les avoir ramenées de l'école, il serait parti juste pour réparer les clôtures de ses maudites bêtes ?

« Si les filles n'étaient pas folles des poneys, il y aurait belle lurette que j'aurais mis mon veto à cette manie des chevaux. Mais que peut-il bien fabriquer dehors sous ces trombes d'eau ? Il fait nuit noire. Il est impossible qu'il puisse réparer quoi que ce soit par ce temps-là.

Par la fenêtre, dans la cour détrempée, la place vide de son vieux 4x4 bordeaux est sinistre. Vrombissement d'un moteur au loin... Vite, à la fenêtre ! Non, la voiture passe son chemin sans s'arrêter. C'est la troisième depuis dix minutes. Ça suffit comme ça !

« Je ne vais pas passer la soirée le visage collé au carreau à tendre l'oreille et à tressaillir au moindre bruit. Il faut prévenir les filles que je m'absente. Mes traces de pas sur les escaliers ont séché. La grande est en train de lire, très bien. La petite s'est endormie. Pas un bruit. Maman part chercher Papa.

ARRÊTE, AVEC TA FOUTUE PARANO !

En empruntant la route départementale qui longe la maison, tout de suite à droite, le panneau barré de Thury-Harcourt indique qu'on quitte la ville. Plus que 4 km pour atteindre le champ des Combes où sont les chevaux.

« Entre la pluie qui cogne sur la tôle, les essuie-glaces en vitesse maximale qui couinent et la soufflerie du désembuage à fond, le bruit est assourdissant. Une panne ? Il aurait prévenu, les portables passent, là-bas. Un accident ? Du calme, ou c'est toi qui vas finir dans le décor. Les petites routes de l'Orne ne sont pas mauvaises. Mais avec un temps pareil et tous ces marécages autour... Arrête ta parano. Foutu cerveau ! Quand il s'emballe, impossible de l'arrêter.

« Voilà le chemin goudronné qui monte sur la gauche, à peine visible dans l'obscurité opaque. Allez, plus qu'un kilomètre. Tiens, les deux fermes du Bout-Dessous sont encore éclairées. Enfin, mes phares éclairent la barrière de l'enclos. J'y suis. Le claquement de la portière parvient à peine à couvrir le vacarme de la pluie. Va chercher un 4x4 bordeaux dans le noir... Malgré les pleins phares, on ne voit rien. Là ! Le 4x4. Ouf, mon A. est bien là. Plus que quelques mètres à patauger pour le rejoindre...

LA FEMME NE BOUGE PAS, TOUT S'OBSCURCIT

Mais qu'est-ce qu'il fabrique tout seul dans sa voiture à une heure pareille ! À travers les vitres ruisselantes du 4x4, sa silhouette tassée se découpe sur la banquette arrière. La poignée de la portière est toujours aussi dure, surtout avec ce froid qui endolorit les doigts. Quel sketch ! Décidément ce soir, rien ne m'aura été épargné. Mais... Ce n'est pas... C'est une femme, une femme aux cheveux longs. Là, sur le siège arrière. Une femme seule dans notre voiture, en pleine nuit, perdue dans notre champ. Une femme qui ne bouge pas. Elle dort peut-être...

« Comment a-t-elle atterri dans la voiture d'A. ? Elle n'a rien à faire là. Et son visage... Je le connais, ce visage. C'est celui de D., une collègue d'A. ! Mais elle ne monte pas à cheval, sinon je le saurais. Et elle ne bouge toujours pas, même secouée comme un prunier. D. !!! Inconsciente ? Non ! Une infirmière sait reconnaître certaines choses... Les secours. Les pompiers ou la police, peu importe. Mon portable, il est resté dans la voiture. Ça tangue et ça bourdonne autour de moi, les phares sont aveuglants. Enfin une voix au bout du fil. L'adresse, oui. Ne rien toucher, non. Mais mon mari a disparu ! Attendre ? Le téléphone valdingue dans la voiture et tout s'obscurcit. Des fourmis dans les bras, les jambes molles, la tête qui tourne... Tu es infirmière, tu sais maîtriser tes émotions et reconnaître les signes d'une bouffée d'angoisse. Tu ne vas pas céder à la panique, respire, assieds-toi. Pense aux filles. Voilà, des lumières qui clignotent. Les secours arrivent, calme-toi.

LES POLICIERS RATISSENT LA CAMPAGNE

Il faut rentrer. Les filles ne peuvent pas passer la nuit seules à la maison. La police va s'occuper de trouver A.. Mais D.... Comment dormir sans savoir ? Ils ont dit qu'elle était morte et le procureur s'est déplacé en personne. Agressée dans la voiture d'A.... Étranglée.

Il y avait du sang. Même s'il faisait sombre, c'était visible. Elle a dû lutter...

> VOTRE MARI AURAIT DÛ ÊTRE LÀ, MAIS IL EST ABSENT, SOUVENEZ-VOUS...

« Assez ! Quelle horreur ! Le pré est scellé et il y a une ribambelle de flics qui le ratissent à la recherche d'indices. Passer la nuit près de mon portable et attendre des nouvelles, c'est tout ce qu'il me reste à faire. En espérant que demain matin, je puisse raconter aux filles une histoire qui tient la route... Mais quoi, exactement ?

« D., c'était la cadette du "club des mamies" de Beauty, la société de cosmétiques pour qui elle travaillait depuis vingt ans, comme A.. Elle venait d'être grand-mère à 49 ans, A. l'avait mentionné un soir à table en plaisantant. C'était la femme de P., le poissonnier du Super U. Elle n'avait rien à faire avec A. au fond des Combes en pleine nuit. Chez Beauty, c'est vrai qu'ils travaillaient ensemble... Ils sont une trentaine dans cette boîte, alors oui, ils se connaissaient bien. Certains se fréquentent en dehors des heures de travail. Mais un tête-à-tête dans un champ désert, ça, c'est autre chose.

DEUX ORPHELINES FLANQUÉES DE LEUR MÈRE VEUVE

Près d'un mois a passé. D. a été enterrée en présence de sa famille et des salariés de Beauty venus lui rendre un dernier hommage. En revanche, pour A., "l'amant" – c'est comme ça qu'on l'appelle maintenant que tout le monde sait – les obsèques n'ont pas été annoncées. Qui serait venu ? À part les filles, bien sûr. Deux petites orphelines flanquées de leur mère veuve. Les gendarmes ont découvert son cadavre tout en bas du champ, pendu à une branche de l'arbre qui borde le ruisseau de la Divette. Il y avait deux lettres dans son blouson. Une pour les employés de Beauty, pour leur demander pardon. Et une pour nous !

Comment a-t-il pu ? Il s'est expliqué, ça oui. Pour me dire que "*ça ne pouvait pas finir avec D., que c'était trop dur pour lui*". Trop dur ! Et pour les filles ? Et pour moi ? Ça n'est pas trop dur ? C'est à peine si j'ose sortir depuis cette nuit de tempête. Certains me surnomment "la femme de l'assassin"... A., le père de mes enfants, un assassin !

Une enquête de notre **correspondant**

Cleveland, USA. © SIPA

Séquestrées dix ans dans...

LA MAISON DU CAUCHEMAR

Amanda Berry, kidnappée le 21 avril 2003

Georgina DeJesus est enlevée le 2 avril 2004

Michelle Knight, séquestrée depuis 2002.

Certains voudraient que la maison
du pervers soit brûlée.
Mais aucune flamme ne saurait effacer
certains souvenirs.

CLEVELAND

Mai 2013

« J*oyeux anniversaire, joyeux anniversaire Amanda!* » Autour de la table, trois jeunes femmes s'efforcent de chanter. Mais leur filet de voix se noue dans leur gorge devant l'homme qui les observe.

— Allez! On applaudit! ordonne-t-il. Et maintenant, on souffle les bougies!

À cet instant, Jocelyn, une petite fille de 5 ans, entre dans la pièce en portant un gâteau au chocolat. On pourrait croire à une réunion de famille tout ce qui a de plus banal: un père, ses trois filles et sa petite-fille réunis pour fêter un anniversaire. Mais l'ambiance est sinistre, les visages crispés et la joie feinte. Une fois le gâteau mangé, le silence retombe. Les trois filles se lèvent et débarrassent les restes qui jonchent la table. La fête est finie.

— Allez, les filles, on retourne bien sagement dans sa chambre maintenant, dit l'homme en tapant dans ses mains.

Toutes les trois gravissent les marches de l'escalier étroit qui mène à l'étage, l'une d'elles portant la petite fille. Le vieux ferme la marche... Voici la chambre, une pièce de trois mètres sur six, faiblement éclairée par la lumière diffuse que laissent passer les stores hermétiquement fermés. Chacune prend place sur son matelas, à même le parquet. L'homme les regarde s'installer, puis se penche pour attacher leurs poignets à une chaîne qui traîne par terre. Quand il s'approche d'Amanda, elle esquisse un geste de recul.

— S'il te plaît, dit-elle d'un ton implorant, j'aimerais garder un peu Jocelyn dans mes bras, sans les chaînes...

Ariel Castro – c'est le nom du type – la regarde avec froideur, comme si elle venait de le décevoir gravement. Puis il lui balance un violent coup de pied dans les côtes.

— Tu connais les règles! Tu sais très bien que je déteste qu'on me supplie... Allez, donne ton bras, vite!

Une fois Amanda enchaînée comme les autres, Castro sort de la chambre. On entend la porte se refermer, puis son pas qui s'éloigne… Amanda prend la petite Jocelyn dans les bras. Et les trois prisonnières se regardent en silence. Amanda, Gina et Michelle, dont le teint blafard et les os saillants serrent le cœur. Elles n'ont pas besoin de se parler, chacune lit sa propre angoisse dans les yeux des autres. Et la même question : le cauchemar finira-t-il un jour ? Cela fait si longtemps qu'elles sont là, esclaves de ce type effrayant… Aujourd'hui, ce n'était pas le véritable anniversaire d'Amanda qu'elles ont fêté. C'était juste celui de son enlèvement. En ce 16 avril 2013, Amanda a soufflé sa dixième bougie… Dix ans qu'elle est prisonnière.

PLONGÉE DANS L'HORREUR

À l'époque, c'était une jeune fille de 15 ans, insouciante et heureuse. Ce soir-là – le 16 avril 2003 –, elle vient de terminer son service au fast-food où elle travaille après ses cours. D'ordinaire, Amanda rentre à pied. Sa maison de Cuyahoga County, une banlieue de Cleveland, n'est qu'à une vingtaine de minutes de marche. Mais aujourd'hui elle est fatiguée. Et il pleut. Aussi, quand un client du fast-food, Ariel Castro, propose de la raccompagner, elle accepte immédiatement.

Cet homme, elle le connaît bien. C'est le chauffeur du car de ramassage scolaire. Quand elle était gamine, ils se voyaient soir et matin dans le bus… Pourtant, dès les premières minutes du trajet, le comportement de Castro lui paraît bizarre. Il semble tendu, aux aguets. Amanda n'ose pas parler. Elle regarde défiler les maisons, toutes identiques avec leur porche et leur façade de bois à la peinture un peu écaillée… C'est au carrefour, près de chez elle, que les choses tournent mal. Ariel Castro prend à droite, sur West 25 th Street, alors qu'il faudrait aller à gauche. Et qu'il le sait parfaitement.

Après un instant de flottement, Amanda tente d'ouvrir sa portière. Verrouillée. Elle demande alors à Castro de s'arrêter, de la laisser partir, mais plus elle le supplie, plus il accélère… Pourquoi est-ce qu'il fait ça ? Au bout de quelques minutes, la voiture s'arrête devant une maison blanche en bois à deux étages. Castro coupe le moteur et plante ses yeux noirs dans ceux d'Amanda.

— Pourquoi tu fais cette tête ? Tu as peur ? J'ai juste besoin que tu m'aides pour quelque chose à l'intérieur. Mais attention, si tu cries ou si tu tentes de t'enfuir, je vais devoir me fâcher !

— Après, demande-t-elle, je pourrai rentrer chez moi ?

— C'est comme je t'ai dit. Tiens-toi tranquille et tout ira bien…

Amanda sort de la voiture les jambes tremblantes, gravit les trois marches de briques rouges du perron, entre dans la baraque de bois. La porte se referme derrière elle. La pauvre vient d'entrer dans la maison de l'horreur. Elle n'en sortira plus... Pour qu'elle comprenne bien où elle a atterri, Castro la viole une première fois. C'est atroce, extrêmement violent. Une fois satisfait, Castro tabasse sa victime jusqu'à l'assommer, puis l'enferme à la cave.

IL LA FRAPPE DANS LES CÔTES, AU VISAGE...

Le lendemain, Amanda se réveille dans cette pièce sombre, attachée à un mur de pierre par une chaîne. Un cachot, tout simplement, sans fenêtres ni lumière. Son premier réflexe est d'appeler au secours. Il y a des maisons tout près dans la rue, des gens vont certainement l'entendre, quelqu'un qui bricole sur sa terrasse ou bien qui passe dans la rue. Non. La seule personne qui répond à ses appels n'est autre qu'Ariel Castro. La jeune fille entend une porte s'ouvrir, la lumière s'allume sur le bric-à-brac du cachot – chaînes, cordes... Sur un mur, une phrase écrite à la peinture rouge fait froid dans le dos : « *Repose en paix* ». Sans un mot, Castro saisit Amanda, la frappe au visage, dans les côtes, et la viole, encore une fois. Puis il se relève, réajuste son pantalon et sa chemise. Avant de repartir, il pose son pied sur la tête de la jeune fille, qui est allongée par terre, dénudée et misérable.

— À chaque fois que tu crieras, je descendrai te voir. D'accord ?

Il appuie un peu plus fort sur sa tête, pour qu'elle sente sa semelle prête à lui faire exploser le crâne comme une noix.

— Personne ne peut t'entendre ici. Personne. La cave donne sur l'arrière de la maison. Alors garde tes forces, ça vaut mieux pour toi.

Désormais, Amanda a si peur que c'est à peine si elle ose laisser couler ses larmes dans le noir. Elle a perdu la notion des jours quand Castro la remonte enfin de la cave. Il la fait pénétrer dans une cuisine claire au carrelage gris. Il y a une jeune femme assise à la table. Impossible de lui donner un âge, tant son visage est tuméfié, hideux, déformé par les coups.

— Mon nom, c'est Michelle, dit-elle d'une voix fatiguée.

— Moi Amanda...

Pour la première fois, cette nuit-là, Amanda va avoir le droit de dormir sur un matelas de mousse au premier étage. Castro lui attache une chaîne à la cheville, comme à un animal. Dans le noir, Michelle lui chuchote qu'elle a 21 ans, qu'elle a été enlevée en août 2002.

— Qu'est-ce qu'on peut faire ? murmure Amanda.

— Rien. Il n'y a rien à faire. Je suis désolée. C'est le diable, ajoute-t-elle. Le diable.

Un cachot. Enchaînées à la cave pour le dressage, les jeunes femmes étaient aussi recluses dans des chambres.

Viols, coups de ceinturon, gifles, injures, viols à nouveau, coups de poing. Et, au milieu de ces supplices, en bruit de fond, toujours ce frottement des chaînes sur le plancher. On se croirait dans une salle de torture au Moyen Âge.

« IL FAUT CONTINUER LES RECHERCHES ! »

— Allez Amanda, souffle une bougie ! Tu sais quel jour on est ? Avril 2004. C'est ton premier anniversaire ! Un an déjà ! Viens t'installer sur le canapé du salon ! On va regarder la télé pour fêter ça. C'est l'heure des infos. Viens avec nous, Michelle.

Ariel Castro, 52 ans, le kidnappeur des filles.

Le vieux allume la télé, sélectionne une chaîne locale. On voit sur l'écran une petite foule réunie près de l'église.

—Ah ! J'étais sûr qu'ils ouvriraient le journal sur toi, Amanda ! Regarde ta maman !

Une femme aux cheveux bruns coupés au carré prend le micro qu'un journaliste lui tend. C'est la mère d'Amanda.

—Je suis sûre que ma fille est encore vivante, dit-elle. Il faut continuer les recherches.

Elle éclate en sanglots. Les trois sœurs d'Amanda l'entourent. Derrière elle, un groupe de voisins brandit une pancarte sur laquelle apparaît son portrait, une Amanda souriante, avec un visage de gamine. L'Amanda d'autrefois, celle d'avant la souillure.

—Si tu as fugué, reviens, mon bébé, ajoute sa mère. On ne te dira rien !

Pendant que les images défilent, le présentateur explique que tout a été tenté pour retrouver l'adolescente. Battues avec chiens, plongées au fond des rivières et des lacs des environs.

— Les chances de la retrouver vivante sont minces, conclut-il.

Amanda fixe le visage de sa mère. Comme elle a vieilli !

— Allez ! dit Castro, en éteignant la télé. Tu vois, on fête aussi ton anniversaire, à l'extérieur. On ne t'oublie pas. Pas encore !

VEILLÉES DE PRIÈRES, APPELS À TÉMOINS

C'est dans le courant de l'année 2004 qu'une troisième fille apparaît. Brune à la peau caramel, Georgina DeJesus est une magnifique ado de 14 ans. Viols, coups de cravache, coups de poing, viols, encore et encore... Bienvenue en enfer, Gina. Plus tard, quand elles seront toutes les trois enfin seules, Gina leur racontera les veillées de prières, les appels à témoins, les affiches, les encarts dans la presse pour retrouver Amanda.

— Et moi ? demande Michelle.

— Toi, c'est différent. Ta mère a dit que tu avais fugué, que tu as dû partir avec un type...

Gina explique encore qu'Ariel Castro a une autre maison, où son ex-femme habite avec leurs trois enfants.

— Il a une fille qui a exactement mon âge, c'était mon amie. J'allais souvent dans sa famille. C'est pour ça que je ne me suis pas méfiée quand il m'a proposé de me raccompagner chez moi l'autre soir...

Geste de victoire du père de Georgina. Sa fille avait été enlevée en avril 2004. Il pensait qu'elle était morte. ©SIPA

Trois enlèvements en trois ans et personne ne soupçonne Ariel Castro ! La maison où il retient ses prisonnières se trouve au cœur d'un lotissement dont chaque maison est occupée par des familles. Un jour ou l'autre, quelqu'un va forcément se demander pourquoi les volets sont toujours fermés et pour quelles raisons Castro y apporte régulièrement des sacs pleins de nourriture. Mais non, personne ne se pose de questions.

PLUS D'ANNIVERSAIRE, PLUS UN MOT DANS LA PRESSE... ON LES OUBLIE

Les années passent. Michelle, Amanda et Gina sont désormais soumises. Castro les oblige régulièrement à regarder la télé :

— Tiens ? Il n'y a plus rien sur vous au journal ? C'est pourtant une date anniversaire ! On vous a oubliées ?

Avec le temps, les conditions des prisonnières s'améliorent, même si elles sont plongées dans une semi-obscurité permanente. Elles circulent librement dans la maison et ont le droit d'aller prendre une douche seule. Mais à tout moment, la violence peut exploser. Michelle est le souffre-douleur de Castro. On dirait qu'il fait exprès de la mettre enceinte. Quand elle attend un enfant, il s'acharne sur elle à coups de pied, l'affame méthodiquement jusqu'à ce qu'elle fasse une fausse couche.

— Toi, tu ne te mets pas à table. Tu nous regardes manger, lui dit-il. Tu ne voudrais pas que je nourrisse l'avorton que tu as dans le ventre ? Surtout s'il a ta gueule !

Michelle a déjà perdu quatre bébés, lorsqu'Amanda, en 2007, découvre qu'elle est à son tour enceinte. Étrangement, Castro réagit différemment avec elle. La future maman est installée dans une chambre, seule, mieux nourrie. Castro cesse de la violer. Le terme arrive le soir de Noël 2007. Castro charge Michelle d'aider Amanda. Mais l'accouchement est terrible. Une vraie boucherie. Aucune des trois filles n'a la moindre expérience de ce qu'il faut faire. Amanda, qui a 21 ans, souffre pendant des heures. La petite fille naît avec le visage cyanosé, elle ne respire pas, sa peau est toute bleue.

— C'est de ta faute, Michelle ! Si le bébé meurt. Je te tue ! crie Castro.

La pauvre femme prend une bassine en plastique qu'elle remplit d'eau chaude. Elle y met le bébé amorphe, le frotte, masse son petit torse, lui fait du bouche-à-bouche. D'un seul coup, la petite fille se met à gigoter. Elle est sauvée. Elle s'appellera Jocelyn.

SES PROCHES ONT DRESSÉ UN PETIT AUTEL AVEC LA PHOTO DE LA DISPARUE

Castro semble éprouver une réelle affection pour l'enfant. Dès qu'elle a 2 ans, il a envie de la sortir pour qu'elle profite un peu de la lumière du jour. Il l'emmène à l'aube dans le petit square du quartier pour lui faire faire de la balançoire quand tout le monde dort et, quand elle a 4 ans, la conduit dans des parcs d'attractions loin de la ville. Le 16 avril 2013, Amanda fête son dixième « anniversaire » dans l'enfer. Elle a 25 ans et ressasse sans cesse les mêmes questions : ses sœurs et sa mère l'ont-elles oubliée ? La croient-elles morte depuis tout ce temps ? Si elle savait, pauvre Amanda ! À l'extérieur, tout le monde continue à être mobilisé, comme au premier jour ! Il y a les mêmes prières, les mêmes défilés. Chaque année, pendant que Castro l'oblige à un anniversaire de parodie, il y a une autre cérémonie, pleine de recueillement, qui se déroule chez elle, dans sa maison. Ses proches ont dressé un petit autel avec ses photos, on allume des cierges, on ne l'oublie pas. Mais sa mère n'est plus là. Elle est morte de chagrin en 2007. Sur son lit d'hôpital, ses derniers mots ont été pour Amanda.

— Je sais qu'elle est vivante, a-t-elle prévenu avant de rendre l'âme.

Parmi les gens qui se réunissent une fois par an pour une journée de recueillement, il y a... Ariel Castro, le si sympathique conducteur de car. Dans ce quartier familial où tout le monde se connaît, il a toujours mis l'ambiance, avec son groupe de musique latine où il joue de la guitare basse. Quand la petite communauté décide d'organiser un barbecue, l'été, il est le premier à proposer son aide. Le premier surtout à défiler dans les rues en souvenir des trois disparues. Arborant son plus beau masque d'empathie, il demande où en est l'enquête, s'il y a des pistes. Il serre dans ses bras la mère de Gina et la réconforte avec quelques mots simples.

Bien sûr, tous savent que ce n'est pas un saint. À l'époque où il vivait encore avec sa femme, il l'envoyait régulièrement à l'hôpital à force de la battre. Mais dans ce quartier déshérité, il n'est ni le premier ni le dernier à frapper sa femme.

« JE SUIS AMANDA BERRY, J'AI ÉTÉ KIDNAPPÉE IL Y A DIX ANS... »

Lundi 6 mai, il est un peu plus de 17 heures lorsqu'un certain Charles Ramsey sort sous son porche, un hamburger à la main. Cet Afro-Américain d'une quarantaine d'années habite avenue Seymour, dans la banlieue de Cleveland, depuis plus d'un an. À peine a-t-il eu le temps d'attaquer son cheeseburger qu'il entend des hurlements de femme en provenance de la maison d'en face, une bâtisse blanche à deux étages dont il connaît le propriétaire. Ce type-là, avec qui il a déjà partagé quelques barbecues, vit seul et ne reçoit jamais de visites, encore moins celles de femmes. Intrigué, Ramsey traverse la route, gravit les marches du perron et aperçoit, à travers la porte, une jeune femme qui tambourine et lui demande de l'aider.

— Aidez-moi, je vous en supplie. Il faut que je sorte d'ici, avant qu'il ne revienne.

Ramsey essaie d'ouvrir la porte, mais elle est fermée à clé. Heureusement, la paroi

Amanda (àdroite), est de retour chez elle avec sa petite fille.
Elle y a retrouvé sa sœur Beth.

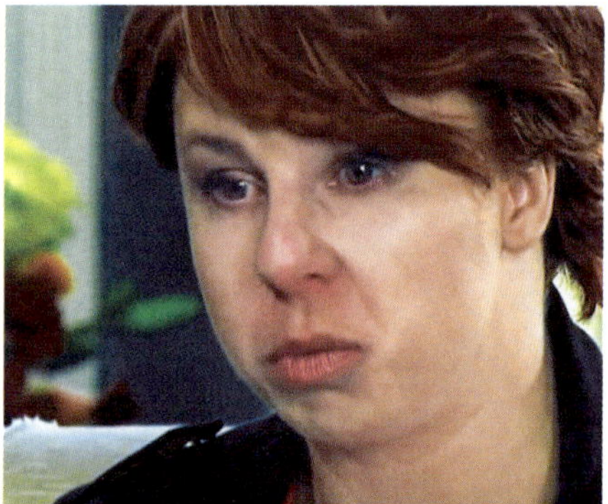
Michelle Knight livre un témoignage bouleversant.

en aluminium n'est pas bien solide et, de quelques coups de pied, il réussit à faire une ouverture. En rampant, la jeune femme parvient à passer, serrant une petite fille dans ses bras. Son visage est très pâle, elle est dans un état de stress intense. Elle lui demande d'appeler la police, Ramsey n'a pas son téléphone sur lui. Il a à peine terminé sa phrase que la jeune femme a déjà traversé la rue et tambourine à une porte. Une femme lui ouvre.

— Je suis Amanda Berry, appelez la police, s'il vous plaît, vite !

La voisine regarde de haut en bas cette frêle créature, maigre à faire peur, les cheveux sales tirés en chignon, qui tient une petite fille brune dans les bras.

— Vous n'êtes pas Amanda Berry. Amanda Berry est morte, répond-elle, méfiante.

Complètement paniquée, Amanda la supplie d'appeler la police. Finalement, on lui tend un téléphone. À l'opératrice, elle répète encore une fois :

— Je suis Amanda Berry, j'ai été kidnappée il y a dix ans. Je suis là, je suis libre. Envoyez la police, maintenant s'il vous plaît.

L'opératrice lui répond d'une voix stupide qu'elle envoie une patrouille dès qu'il y en a une de disponible !

— Non, j'en ai besoin maintenant ! Avant qu'il revienne ! crie Amanda, les yeux aveuglés par ce soleil qu'elle n'a pas vu depuis une décennie.

Deux minutes plus tard, la police est sur les lieux. Ils sortent de la maison Michelle et Gina, qui étaient trop terrorisées pour suivre leur amie quand celle-ci a tenté cette évasion de la dernière chance. Ariel Castro est arrêté au McDonald's du coin.

« ELLE SAVAIT QUE TU ÉTAIS VIVANTE. DE LÀ-HAUT, ELLE TE SOURIT »

Un calvaire de plus de dix ans s'achève. Sans le courage formidable d'Amanda, qui sait combien de temps cela aurait pu durer encore ?

Quelques heures plus tard, après un passage à l'hôpital, Gina et Amanda sont

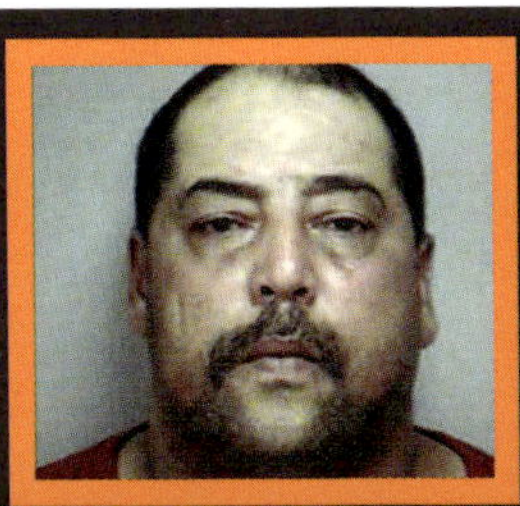

Seymour Avenue
La rue du viol !

Un monstre peut en cacher un autre…

Suite à l'arrestation d'Ariel Castro, les policiers de Cleveland se sont lancés dans une inspection du quartier, une sorte d'enquête de voisinage. Juste en face de chez le « monstre », ils sont ainsi tombés sur un certain Elias Acevedo, un colosse de 49 ans d'origine portoricaine. Impliqué dans une affaire de mœurs dans les années 80, ce pervers avait été condamné à s'inscrire au fichier des délinquants sexuels, ce qu'il n'a jamais fait. Pas plus qu'il n'a informé les autorités de sa nouvelle adresse… La police de Cleveland a ressorti de ses cartons un certain nombre de « cold case », des affaires anciennes et jamais résolues. Bingo : l'ADN d'Acevedo correspond à celui retrouvé sur une scène de viol en 1993 ! Au terme d'un interrogatoire fleuve, le type a avoué deux meurtres et quatre viols, dont deux sur des fillettes d'à peine 10 ans ! Sur Seymour Avenue, un monstre peut en cacher un autre.

conduites chez elles. Seule Michelle reste hospitalisée pour subir une chirurgie réparatrice car les coups l'ont trop abîmée. Amanda retrouve sa maison qu'elle n'a pas vue depuis dix ans, elle est entièrement recouverte de ballons multicolores.

Une grande banderole a été accrochée sur le fronton, avec ces mots qui lui serrent le cœur « *Bienvenue à la maison, Amanda* ». Elle tombe dans les bras de sa sœur Beth, de ses cousins, de sa grand-mère… Ils sont des dizaines et des dizaines à vouloir l'étreindre.

Une fois l'effervescence retombée, Amanda, les yeux rougis, demande à sa sœur pourquoi sa mère n'est pas là. Elle était sûre qu'elle serait la première à lui tomber dans les bras. Beth la regarde gravement et la prend par la main, sans dire un mot. Elle l'entraîne à l'intérieur, entre dans le salon. Là, sur le parquet fraîchement ciré, comme au matin de Noël, une montagne de cadeaux attend Amanda. Tous ceux que sa mère avait achetés, chaque année, le jour de son vrai anniversaire.

— Elle aurait tellement voulu être là, murmure Beth, sans lâcher la main de sa sœur, elle nous répétait sans arrêt que tu étais vivante et que tu reviendrais. Là où elle est, elle te voit, et je suis sûre qu'elle sourit. ●

*Une enquête d'***Axelle Winieux**

La solution du capitaine grec

QU'ON LES JETTE À LA MER !

« J'ai suivi le procès du capitaine Plitzanopoulos qui a donné l'ordre de noyer les clandestins. Mais devant le tribunal ses justifications n'ont fait qu'ajouter l'horreur à l'horreur. »

LE PIRÉE

Mai 1984

Je ne sais pas ce que vous en pensez, mais en ce qui me concerne, j'ai un peu du mal à me faire à notre époque où tout est interdit. Boire, manger, fumer, on n'a plus le droit de rien ! Oh, n'allez pas me dire que je fais l'apologie du vice, mais j'avoue que, de temps en temps – je devrais dire exceptionnellement –, j'aime bien déchaîner ma fourchette et boire un verre de trop, vous savez, celui qui vous fait gentiment tourner la tête et lance votre esprit vers des mondes sans barrières... C'était comme ça l'autre soir, alors que je me trouvais sur un de ces énormes paquebots qui croisent au large de l'île de Malte. Le genre de voyages auxquels les vieux journalistes dans mon genre sont parfois conviés, pour participer à des conférences. Je ne vous cache pas que c'est aussi l'occasion pour moi d'un beau voyage tous frais payés sur les plus belles mers du monde... Ce soir-là donc, c'était le dernier de la traversée, le commandant a servi un excellent dîner et le vin était... merveilleux.

DANS LA CALE, UNE TERRIBLE DÉCOUVERTE…

> *LE GARIFALIA, FLEURON DE LA COMPAGNIE EUROPA GATE SHIPPING, CROISAIT DANS L'OCÉAN INDIEN QUAND S'EST PRODUIT UN CRIME COLLECTIF ABOMINABLE.*

Le repas terminé, je suis monté prendre l'air sur le pont. Un vent agréable me soufflait sur le visage, j'étais presque seul dans la nuit, les autres passagers avaient dû regagner leur couchette. Je me suis accoudé à la balustrade et j'ai sorti ma pipe. La mer était agitée, l'eau noire. Et c'est en regardant cette mer en colère que l'image m'est revenue brutalement. Celle d'un autre bateau, le cargo grec *Garifalia* qui, lui aussi, naviguait un jour de mer menaçante. Pas sur la Méditerranée, mais sur l'océan Indien. Le 17 mars 1984 exactement.

Il faut s'imaginer ce que pouvait être un cargo de la marine marchande grecque, à cette époque. Le *Garifalia,* fleuron de la compagnie Europa Gate Shipping, pèse 14 300 tonnes et ramène dans son ventre des dizaines de containers pleins vers le Pirée, son port d'attache. À bord, un homme, un seul, règne en maître. Il s'appelle Antonis Plitzanopoulos, c'est le capitaine. Grand, maigre, tranchant, c'est un homme de devoir qui mène son bateau avec une autorité fracassante. À l'époque des faits, il a près de 40 ans, une carrière exemplaire, une femme qui le vénère et avec laquelle il est marié depuis dix ans. Alors comment expliquer la suite ? Car une terrible découverte va irrémédiablement changer le cours du destin d'Antonis Plitzanopoulos. Le *Garifalia* navigue alors au large de l'Afrique, où il vient de faire escale, lorsqu'un des membres d'équipage découvre onze passagers clandestins planqués dans une cale. Tous kényans, probablement montés lors d'une escale à Mombassa. Aussitôt informé, le capitaine décide de les faire interroger, ainsi que l'exige la procédure. Il fait monter sur le pont le plus fort d'entre eux, un énorme type, solidement encadré par trois marins.

— Qu'est-ce que vous faites à bord ? demande le capitaine. Je veux voir vos papiers…

L'autre baragouine quelque chose dans sa langue. Le pauvre... Comprend-il seulement ce qu'on lui demande ? Reste que le capitaine s'énerve. Il se met à l'insulter, le frapper. Il saisit un bâton et lui donne un violent coup sur la tête. L'homme s'effondre. Puis, comme si cela ne suffisait pas, il fonce vers sa cabine pour prendre un fusil...

— Arrêtez, capitaine, arrêtez ! s'écrie le second, Nikos Chronopoulos, s'efforçant de calmer son supérieur.

Le capitaine se laisse désarmer. Pour cette fois. Sur le pont, la chaleur est suffocante. Tous les hommes sont en sueur. À cet instant, la raison pourrait encore l'emporter. Il suffirait d'un message radio pour avertir les gardes-côtes de la présence d'intrus. Les clandestins seraient remis aux autorités maritimes et le *Garifalia* pourrait reprendre sa route. Mais les choses ne vont pas se passer ainsi. Le capitaine convoque les autres clandestins sur le pont. Serrés les uns contre les autres dans un cagibi obscur, ils ne veulent pas quitter leur abri : ils ont entendu les bruits de la bagarre au-dessus d'eux. Paniqués, ils refusent de sortir de leur trou. Ce qui achève de faire perdre la raison au capitaine :

— Qu'on les fasse sortir ! hurle-t-il. S'ils n'obéissent pas, vous n'avez qu'à utiliser le désinfectant...

Et l'ordre est mis à exécution. Asphyxiés par le produit toxique dont on inonde leur refuge, les pauvres sont bien obligés de se rendre. Ils sont conduits sur le pont, toussant, les yeux en larmes. Là, ils seront roués de coups par le capitaine, son second et la moitié des vingt autres membres d'équipage. Ce n'est que de longues minutes plus tard qu'enfin, Antonis Plitzanopoulos, jetant au loin son bâton, ordonne l'arrêt de la bastonnade. Mais c'est pour donner un ordre plus terrible encore :

— Qu'on les jette à l'eau ! dit-il d'une voix sinistre...

PERSONNE NE CONTESTE LES ORDRES DU CHEF

L'histoire remonte à plus de trente ans. Mais ce soir, en regardant la mer, je ne peux m'empêcher de penser que les flots eux aussi s'en souviennent. Je dégrise d'un coup. Comme si je n'arrivais pas à croire que ce qui s'est passé sur le *Garifalia* soit vrai. Après tout, les faits ont pu être un peu exagérés, les mémoires se sont peut-être emballées avec le temps ? Un capitaine n'ordonne pas comme ça de jeter des hommes à la mer ! Mais, au fond de moi, je sais bien que tout est rigoureusement vrai. Une enquête a été ordonnée. Et l'affaire a été jugée devant une cour d'assises, en Grèce...

Mais revenons à bord du *Garifalia*. En entendant l'ordre d'Antonis Plitzanopoulos, il suffirait sans doute qu'un seul marin se rebelle pour qu'une majorité d'autres se rallient à lui. Tous savent bien que l'océan est infesté de requins à cet endroit. Jeter ces clandestins à la mer, même si le cargo est encore proche des côtes, c'est les condamner à mort. Ils vont littéralement se faire dévorer… Mais voilà, tout le monde est tétanisé et se tait. Personne n'ose contester les ordres du chef, qui fusent comme autant d'aboiements secs :

— Dépêchez-vous ! l'entend-on d'ailleurs hurler.

> **“ LES JAPONAIS ENFERMENT LES CLANDESTINS DANS LES CONGÉLATEURS, LES NORVÉGIENS EN FONT BRÛLER DANS LEURS CHAUDIÈRES…**
> (EXTRAIT DES MINUTES DU PROCÈS DU COMMANDANT PLITZANOPOULOS). ”

De leur côté, les clandestins ont compris le sort qu'on leur réserve. Certains se mettent à trembler de tous leurs membres, d'autres voudraient se battre, mais de violents coups de bâton les jettent à terre contre le pont. D'autres enfin tentent de s'agripper désespérément au bastingage, refusant de lâcher cette barre de fer qui les protège, quelques secondes encore, de l'océan où l'attendant les mangeurs d'hommes. Mais le capitaine lui-même leur fait lâcher prise en frappant violemment leurs mains. Leurs hurlements durent le temps d'une courte résistance, désespérée. La chute dans l'eau ne prend pas une seconde. Très vite, le corps s'éloigne du bateau, aspiré dans les flots.

Après… Personne n'est là pour voir les misérables tenter de survivre. Une eau où chaque brasse est un cauchemar. Où, chaque seconde, ils attendent le monstre marin qui risque de surgir… D'agripper une jambe ou un bras, avant de les déchiqueter entièrement. On ne sait pas avec certitude si les dix clandestins kényans ont été mangés ou s'ils sont morts noyés. Une seule chose est sûre : on n'a jamais retrouvé la moindre trace d'eux. Rien. Comme si la mer, ou ses habitants aux dents acérées, les avaient happés… Le *Garifalia*, lui, a simplement repris sa route, accostant au Pirée deux mois plus tard. On n'aurait probablement jamais rien su de cette histoire, les marins scellant entre eux un pacte de silence et de honte, s'il n'y avait pas un sentiment humain plus fort encore que le remords : la cupidité. Car c'est bien par cupidité que le secret du *Garifalia* a fini par remonter des profondeurs de l'océan vers la surface des hommes.

> *DIX HOMMES SONT CONDUITS SUR LE PONT, TOUSSANT, LES YEUX PLEINS DE LARMES.*

Un jour, un maître d'équipage du nom de Philippos Kakonas va demander de l'argent au capitaine pour acheter son silence... Outré, celui-ci va refuser. Alors Philippos Kakonas va changer de stratégie, et il sera parmi les quatre marins qui se dirigent, le 10 mai 1984, vers la capitainerie du port du Pirée pour dénoncer Plitzanopoulos.

— Notre capitaine, dira-t-il, est le premier responsable. Mais il n'a pas agi seul. Il a été aidé par onze autres marins, dont le second, le maître d'équipage et le premier mécanicien...

Quatre jours après cette stupéfiante déposition, onze hommes sont arrêtés. Kakonas sera épargné. L'affaire fait l'effet d'une bombe.

Entre ceux qui parlent du « plus horrible crime collectif jamais commis » et ceux qui doutent de la réalité même de l'accusation, tous n'attendent qu'une chose : le procès du capitaine fou. Et ses explications. Celles-ci vont complètement dépasser l'entendement.

CHOQUANT, HALLUCINANT, MAIS BIEN RÉEL...

— Oui, Monsieur le président, c'est bien moi qui ai jeté à la mer ces onze clandestins ! Mais, de toute manière, les requins ne mangent pas les Noirs...

Dans la salle des assises d'Athènes, où s'est ouvert, le 2 septembre 1985, le procès du « cargo de la honte », la déposition d'Antonis Plitzanopoulos a commencé par ces mots. L'assistance s'attendait à des surprises. Mais de là à écouter le capitaine en personne, parfaitement mis dans un costume gris de la meilleure coupe, plaider non-coupable et disserter sur les supposées préférences alimentaires des requins, ça a dépassé toutes les attentes. Pire encore : dans un incroyable élan de solidarité, plusieurs pontes de haut niveau de la marine grecque viennent prendre à la barre la défense de l'accusé :

— À sa place, nous aurions fait pareil ! Ces clandestins représentaient un véritable danger pour l'équipage. Il fallait intervenir...

Intervenir ? Est-ce donc un synonyme « d'assassiner » ? Pendant des heures, les explications ahurissantes se succèdent :

— Ces hommes ne couraient pas de danger, affirme un autre marin. Chacun sait que les requins souffrent de strabisme et ne voient pas le noir.

Choquant, monstrueux... Peut-être. Mais ne croyez pas que ces propos ont été exagérés. Ils figurent dans les minutes (le compte rendu du procès) que j'ai moi-même consultées plus tard, tant je refusais de croire qu'ils aient pu être tenus. La suite n'est pas moins hallucinante. Le deuxième jour du procès, c'est au tour du radio du *Garifalia*, un certain Stavros Statis, d'être interrogé.

— Ce que le capitaine a fait est une abomination, reconnaît-il.

— Mais pourquoi n'avoir rien fait pour l'empêcher ? demande le président.

— J'ai manqué de courage. Je suis allé me coucher après l'opération et j'ai pris des calmants...

Et il ajoute ces mots, dont il espère peut-être qu'ils relèveront l'image de la marine grecque :

— Vous savez, ce qui s'est passé n'est pas un cas unique. Les Japonais, eux, mettent les clandestins dans les réfrigérateurs et les jettent ensuite à la mer, lorsqu'ils ne sont plus que des colonnes de glace...

— C'est vrai, lance alors un autre marin, simple témoin assis dans la salle. Les Norvégiens les brûlent dans leurs chaudières !

— Et vous, ajoute un autre capitaine en se tournant, furieux, vers les bancs de la presse, qu'auriez-vous fait si des Noirs avaient occupé votre salle de rédaction ?

Tout était dit... Ne restait plus qu'à essayer d'arracher à Plitzanopoulos l'expression d'un quelconque regret. Ce fut fait. Le capitaine pleura... sur son sort.

— J'ai toujours fait mon devoir d'une manière juste et responsable, afin que mes enfants n'aient pas honte de leur père et deviennent à leur tour des capitaines de la marine marchande grecque. Toute ma carrière est brisée...

Sa carrière a effectivement été cassée. Mais sa peine relativement clémente : Antonis Plitzanopoulos n'a été condamné qu'à dix ans et dix mois de prison. Moins d'un an de peine par victime. Un an de prison pour chacun des dix malheureux dévorés par les requins. Ses deux fils, eux, ne sont jamais entrés dans la marine. Nul ne sait ce qu'il est devenu. S'il vit encore, il doit maintenant avoir plus de 90 ans. Un âge où on aime bien faire des croisières sur le Styx, non ?

Une enquête de **Patrice Robert**

BRÈVES

ELLE A ÉTÉ « ASSASSINÉE » EN 1984... LA MORTE RESSUSCITÉE !

Un orage qui éclate, une silhouette qui s'éloigne sous la pluie... Depuis trente ans, personne n'a revu la jeune femme. Vraiment personne ?

DÜSSELDORF
Septembre 2015

Invités sur le plateau de l'émission « Dossier non résolu », les parents de Petra Pazsitka regardent défiler les images poignantes de la caméra de télévision qui a reconstitué les derniers instants de leur fille.

Ce jeudi 26 juillet, Petra avait quitté sa chambre d'étudiante à l'heure du déjeuner... Les journalistes de l'émission ont filmé la station de bus n° 23 où un témoin l'a formellement identifiée, avant qu'elle ne disparaisse pour toujours. L'émission va-t-elle réveiller des souvenirs, susciter de nouveaux témoignages, comme l'espère la police ?

Bingo! Un détenu du nom de Günter K., déjà condamné pour le meurtre d'une adolescente, avoue qu'il a aussi tué Petra Pazsitka. L'arrêt de bus, la jeune fille sous la pluie... Pas de doute, c'est bien cette fille qu'il a attirée jusqu'à sa Volkswagen Passat.

Et après? Apparemment, Günter K. est un pervers de la trempe de Michel Fourniret. Il refuse d'en dire davantage, comme si la douleur de la famille était un « petit plus de plaisir » qu'il s'offrait, après avoir fait souffrir leur fille..

Le dossier est donc classé. Le couple Pazsitka entame un éternel deuil, sans cérémonie ni sépulture.

UN HOMME APPELLE LE COMMISSARIAT, INQUIET

Une trentaine d'années passent. Nous voici le vendredi 11 septembre 2015, à Düsseldorf, à 400 km de Brunswick, où Petra a disparu.

Un homme, inquiet, téléphone au commissariat local. La porte de sa voisine a été visiblement fracturée. Mais, quand il l'appelle, personne ne répond.

Les policiers se rendent aussitôt au domicile de cette Madame Schneider. La porte, endommagée, s'ouvre sur une petite femme renfrognée. Les policiers venus la secourir ont la désagréable impression qu'ils dérangent.

Elle se déclare célibataire et sans enfant... Est-ce la timidité qui la rend si mal à l'aise?

— Si vous voulez que votre assurance rembourse, il faut porter plainte, lui dit un policier.

Ci-dessus, Petra à l'époque de sa disparition, en 1984. En dessous, la même avec un foulard sur la tête, en 2015.

LES ENQUÊTEURS FINISSENT PAR EXIGER SES PAPIERS

La petite femme murmure qu'elle ne portera pas plainte. Intrigués, les enquêteurs finissent par exiger ses papiers. Au comble de l'embarras, elle fouille longuement dans son sac à main. et en sort une vieille, très vieille carte d'identité. Une carte, vous l'aurez deviné, au nom de Petra Pazsitka.

L'histoire qu'elle raconte au commissariat est hallucinante: c'est minutieusement, reconnaît-elle, qu'elle a préparé sa mort. Longtemps à l'avance, elle a mis de l'argent de côté pour ne plus avoir à utiliser sa carte bancaire. Elle a abandonné ses objets les plus précieux pour faire croire à sa mort, voire à son assassinat. Et elle a loué un logement sous un faux nom à plusieurs centaines de kilomètres de ses pauvres parents.

UNE VIE DANS LA CLANDESTINITÉ

À partir de là, elle s'appelle Madame Schneider. Elle parvient à trouver du travail à Dortmund et déménage plusieurs fois, s'installant pour finir à Düsseldorf des années plus tard.

Pour elle, pas de Sécurité sociale, pas de carte bancaire, ni passeport, ni permis de conduire. Ses voisins la voyaient prendre le tram le matin pour aller travailler, mais ils ne l'ont jamais aperçue en compagnie d'un ou d'une amie. Et pourquoi cette vie clandestine, solitaire, et sûrement sans joie? Petra n'en dit rien. Tout ce que l'on sait – et c'est là peut-être que réside le plus triste de l'affaire –, c'est qu'elle refuse de revoir sa famille.

C'est une nouvelle épreuve pour ses parents très âgés, quand ils apprennent à la fois qu'on a retrouvé Petra mais qu'elle ne veut pas les voir. La police n'a pas le droit de dire où elle habite sans son accord.

Petra a cessé d'être morte. Mais saura-t-on jamais quel drame familial se cache derrière son choix cruel? ●

Une enquête **d'Axelle Winieux**

Ici, la température ne descend jamais au-dessous des 40 degrés…

UN PETIT BONHOMME EN ENFER

Il y a le soleil impitoyable qui calcine tout, les cailloux qui se dérobent sous les pieds. Il faut être inconscient pour entraîner un enfant de 5 ans, dans cette fournaise.

CORDOUE

Août 2010

La scène est surréaliste : une femme avance en titubant sur la route goudronnée. Son visage est ensanglanté, ses lèvres craquelées par le soleil, ses bras et ses jambes lacérés. Elle marche vers la station-service comme un robot, l'air hagard, sans même voir les regards qui se retournent sur elle.

— Vous êtes blessée ? Vous avez eu un accident ?

La femme vacille, elle va tomber. On l'aide à s'asseoir, on lui fait boire un peu d'eau. Elle est brûlante, à bout de forces... Dans le village d'Espiel, en Andalousie, au sud de l'Espagne, la chaleur est redoutable, et particulièrement étouffante ce mardi 20 juillet. Le paysage semble grésiller. Comme beaucoup de touristes, cette étrangère ne s'est pas assez méfiée, elle est à l'évidence victime d'une grave insolation.

— Mon fils...

La pauvre bredouille des mots sans suite, dans un mélange d'allemand et d'espagnol.

— Il est tout seul, souffle-t-elle, perdu dans la montagne... Il va mourir... Il faut le retrouver !

Puis elle perd connaissance.

« JE LUI AI DIT DE NE PAS AVOIR PEUR »

L'inconnue a dû errer longtemps : elle est déshydratée, confuse. Quelques heures de plus et elle sombrait dans le coma... Avant que les secours ne l'évacuent vers l'hôpital de Cordoue, la police parvient à lui tirer quelques mots. Elle s'appelle Tania, elle est allemande. Son mari et elle sont séparés, en instance de divorce. Ils se partagent la garde de leur fils de 5 ans, Tim. Et elle est justement venue avec Tim en Espagne, pour s'offrir une semaine de randonnée dans la région, aux abords du lac de Pente Nuevo... La femme faiblit, elle répète le prénom de son fils. Tim.

—Où est-il, Madame ?

—Je l'ai laissé là-bas pour aller chercher du secours.

Tania ne sait plus quand c'était. Il y a un jour, peut-être deux. Elle a perdu la notion du temps.

—Je lui ai dit de ne pas avoir peur. Que j'allais revenir...

Tim avait 5 ans.

Elle se remet à délirer. Les enquêteurs sont abasourdis. Cette malheureuse est partie en randonnée en montagne avec un enfant sans emporter un téléphone, ni même une carte de la région ?

Contactées, les autorités allemandes communiquent l'identité complète de la mère et celle de son petit garçon de 5 ans : Tim-Alexandre. La photo qu'ils envoient montre un enfant très mignon, aux cheveux blonds et au regard noisette. On appelle le père, qui confirme l'histoire. Son ex-femme est bien partie en vacances avec leur fils, avec son consentement. Mais depuis trois jours, il n'a aucune nouvelle...

RIEN NE FAIT ÉCRAN AUX RAYONS DU SOLEIL

Pourtant, pour la mère et son fils, le départ de Herdecke, en Allemagne, le 16 juillet, avait été une vraie fête. Direction le sud. Dans le coffre de l'Opel Astra, une tente de camping et les sacs à dos. Deux jours de route, on passe la frontière française, puis celle d'Espagne, et le samedi 17 juillet au soir, ils plantent leur tente sur les rives du lac de Pueto Nuevo. Ils passent le dimanche à se baigner, à pêcher et à s'amuser.

> ***IL EST TOUT SEUL, PERDU DANS LA MONTAGNE… IL VA MOURIR… IL FAUT LE RETROUVER !***

Une vraie journée de vacances. Mais, le lundi 19 au matin, la voiture refuse de démarrer. Tant pis. S'ils continuent à pied, décide Tania, ils finiront bien par rencontrer quelqu'un qui les emmènera jusqu'au village. Tim enfile fièrement son sac à dos de randonneur tout neuf. Sa maman le lui a acheté spécialement pour ces vacances. Et ils se mettent en route…

Hélas, au lieu de suivre les rives du lac, la jeune femme fait un choix tragique : elle part vers l'intérieur des terres. Elle et Tim s'enfoncent dans un inextricable réseau de sentiers déserts, perdant du même coup toute chance de croiser de l'aide. La température, encore douce aux premières heures du jour, monte inexorablement. Entre midi et 17 heures, elle atteindra les 50 degrés. Le piège s'est refermé.

À quel moment Tania a-t-elle compris qu'ils étaient perdus et qu'ils n'avaient aucune chance de survivre dans cette fournaise avec seulement deux bouteilles d'eau ? Probablement assez vite.

À ce moment, la décision qui s'impose à elle est sans doute la plus difficile qu'elle ait eue à prendre de toute sa vie : pour aller plus vite, gagner du temps, elle doit abandonner son fils ici, avec leur maigre réserve d'eau, et partir seule chercher de l'aide.

Tania improvise un rempart avec les deux sacs à dos pour protéger l'enfant du précipice, puis elle se met en route sous le soleil assassin, sans eau, sans nourriture. Les buissons lui lacèrent les jambes et les bras, elle trébuche, tombe, se relève, tombe à nouveau mais continue à avancer. Une seule obsession : trouver des secours, vite. Sauver son petit garçon…

L'AIR QUI BRÛLE LA GORGE ET LES POUMONS

Après avoir marché pendant des heures et des heures, Tania parvient enfin au village d'Espiel où elle donne l'alerte, comme on l'a vu. Les recherches pour retrouver Tim commencent aussitôt. Des affichettes sont placardées dans les magasins d'Espiel. On interroge les promeneurs, les touristes. Tous ceux qui connaissent les lieux le savent : sous ses allures de carte postale, le secteur du lac de Pente Nuevo

Les recherches pour retrouver Tim s'organisent très vite.

est dangereux. Ici la nature est hostile, semée de pièges. Il y a ce soleil impitoyable qui calcine tout.

Les buissons acérés comme des griffes, les sentiers escarpés où les cailloux se dérobent sous vos pieds. La région est redoutable pour un adulte, alors pour un enfant de 5 ans ! Si le petit garçon a été pris au piège dans cette fournaise où la température voisine souvent les cinquante degrés, les chances de le retrouver en vie sont très minces.

Le père de Tim (chemise bordeaux) est venu reconnaître le corps de son fils. ©AFP

UNE GIGANTESQUE TOILE D'ARAIGNÉE JALONNÉE DE PRÉCIPICE

Un hélicoptère survole le terrain, une équipe cynophile parcourt les chemins de randonnée. Des plongeurs sondent le lac long d'une dizaine de kilomètres; c'est là que des touristes ont aperçu la mère et l'enfant pour la dernière fois, le dimanche 18 juillet, alors qu'ils pêchaient. D'après les témoins, ils avaient l'air heureux. Le mercredi 21 juillet, soit vingt-quatre heures après le début des opérations, on retrouve la voiture de Tania. En revanche, aucune trace du petit garçon.

Les recherches redoublent d'intensité. L'irréparable est en train de se jouer, peut-être tout près, à quelques dizaines de mètres, mais impossible de progresser plus vite. La chaleur est telle que les équipes de sauveteurs doivent attendre la nuit pour explorer, à la lueur des lampes frontales et des torches, les versants abrupts semés d'éboulis. La végétation hirsute brouille les repères, dessine un labyrinthe inextricable dans lequel les sentiers se perdent et reviennent inexorablement à leur point de départ. Une gigantesque toile d'araignée, jalonnée de précipices, où rien ne fait écran aux rayons meurtriers du soleil.

LES SECOURISTES DÉCOUVENT CE QU'ILS REDOUTAIENT

Le vendredi 23 juillet, vers 23 heures, les secouristes découvrent ce qu'ils redoutaient : le corps sans vie d'un enfant, recroquevillé sous un arbuste. C'est Tim. Ses bras et ses jambes sont effroyablement brûlés par les rayons solaires. Deux sacs à dos, un grand et un petit, forment une sorte de rempart près de lui, comme pour l'empêcher de glisser dans la pente. Deux bouteilles d'eau en plastique, vides, gisent à terre. D'un seul regard, la scène raconte le terrible drame qui s'est déroulé ici, loin des regards, dans ce lieu inaccessible, calciné de chaleur.

Réfugié sous l'ombre rachitique d'un arbuste, le petit garçon terrifié a certainement attendu longtemps, les yeux rivés sur le sentier où sa maman avait disparu en lui disant de ne pas avoir peur, qu'elle allait revenir. Mais les heures se sont écoulées, la chaleur incandescente a continué à monter, et peu à peu l'eau est venue à lui manquer. Ensuite, tout est allé sans doute assez vite – la soif dévorante, l'air aussi corrosif que du feu qui brûle la gorge et les poumons à chaque respiration. Puis la conscience qui sombre peu à peu. Le coma. Et finalement la mort, recroquevillé sur le sol chauffé à blanc. Tout seul.

PERSONNE N'A EU LE COURAGE DE LUI DIRE LA VÉRITÉ

Accouru dès l'annonce de la disparition de son fils, le père de Tim est venu identifier formellement le corps sur les lieux même du drame. Trop bouleversé pour parler, il a reconnu l'enfant d'un petit signe du menton avant d'aller s'effondrer dans une voiture de police, le visage dans ses mains, pendant que la dépouille du petit garçon était transférée à l'institut de médecine légale...

À cette heure, Tania restait hospitalisée en soins intensifs. Dans ses rares moments de lucidité, elle demande des nouvelles de son fils, mais personne encore n'a eu le courage de lui annoncer la mort de Tim. Quelques jours de répit avant qu'elle devienne une maman à jamais inconsolable, brisée par le remords et le chagrin. ●

Une enquête de notre **correspondant**

Les pervers qui enlèvent des femmes, pour les faire mourir, on en trouve sous toutes les latitudes. Mais à Luoyang, en Chine, les journalistes qui enquêtent sur ce fléau sont eux-aussi condamnés à mort.

ET LE PIÈGE S'EST REFERMÉ

LUOYANG

Mai 2011

« C'*est là !* » Une femme âgée montre du doigt un porche en béton ébréché qui mène à un sous-sol. Elle explique au journaliste qu'elle-même habite dans l'immeuble, au premier.

— Et vous n'avez jamais rien remarqué ? s'étonne Ji Xuguang, le journaliste.

Il descend les marches, suivi de la vieille femme. Arrive devant une porte blindée. Le ruban jaune et noir que la police avait fixé pour en interdire l'entrée, au moment de l'enquête, s'est dégrafé et pend sur le côté.

— Vous avez la clé ? interroge Ji Xuguang.

— Non, quelle horreur ! Jamais je n'oserais entrer là-dedans ! frémit la vieille.

Ji n'insiste pas. Il sait que derrière cette porte, il y a un boyau d'un mètre de diamètre qui permet d'accéder à un cachot creusé sous la cave. Mais ramper dans cet étroit tunnel ne lui dit rien, à lui non plus. D'autant plus qu'il sait à peu près ce qui s'y trouve. Une prison de 20 m^2 sans éclairage ni sanitaires.

À DEMI-NUES AU MILIEU DE CADAVRES…

Les prisonnières y vivaient quasiment nues. Elles n'avaient le droit de porter que des strings « sexy » et des soutiens-gorge. Selon l'enquête, elles auraient été jusqu'à six enfermées là-dedans. Mais à la fin, il n'y en avait plus que quatre. Les deux autres avaient été enterrées dans un coin, ce qui ajoutait à la puanteur du lieu. Mortes, torturées et étranglées par leur « propriétaire », Li Hao.

— Vous habitiez déjà l'immeuble quand il a commencé les travaux ? demande Ji.

— Je vis ici depuis vingt-cinq ans… Je me souviens quand Li Hao a acheté le sous-sol, en 2008. Cela aurait été difficile de ne pas le remarquer. Ses travaux ont duré des semaines !

— Comment était-il ?

— Un jeune homme un peu comme vous, en beaucoup plus timide. Une trentaine d'années, éduqué, aimable. Les habitants de l'immeuble se sont d'abord inquiétés de ces énormes travaux, ces sacs et ces sacs de déblais que remontaient les ouvriers, ces plaques de fer, épaisses comme des parois de coffre-fort, qu'ils faisaient glisser dans le sous-sol à l'aide d'un palan. Mais Li Hao était fonctionnaire à la sécurité publique de la ville, membre du parti communiste. Il devait savoir ce qu'il faisait.

C'est là que le tortionnaire emmenait ses victimes. Les voisins ne se doutaient de rien. ©SIPA

PLUS AUCUN MOYEN DE S'ÉCHAPPER

Pour mener son enquête, Ji Xuguang a traversé la moitié de la Chine jusqu'à Luoyang, situé au centre du pays, en pleine zone désertique. C'est une ville moyenne – du point de vue chinois –, avec plus de 6 millions d'habitants, des banlieues surpeuplées, une circulation infernale, un centre-ville où les bars à hôtesses sont à touche-touche. Ici, on appelle ces établissements maquillés en karaoké, les « KTV ». Ce ne sont pas des bordels, au sens où on ne pratique pas le sexe sur place, mais « des points de rencontre ». Les hommes y viennent seuls, choisissent une prostituée au bar, s'isolent avec elles dans une alcôve capitonnée, avec un micro et un écran, sous prétexte de pousser la chansonnette.

Mais en réalité, il s'agit de convenir d'un tarif pour emmener la fille chez soi ou dans un hôtel, puis d'aller payer au bar la commission qui revient au patron.

Li Hao a commencé à traîner dans ces endroits en août 2009, dès que ses travaux ont été terminés. L'établissement où il a choisi Kéké, une fille de 20 ans, a fermé depuis. Pour l'inciter à se faufiler dans le boyau, pour la faire descendre jusqu'à son tombeau, il l'a fait boire et absorber des cachets. Quand elle s'est réveillée, elle n'avait plus aucun moyen de s'échapper. Pour passer le temps en l'absence de Li Hao, elle disposait d'un lit, d'une télé, d'un lecteur de DVD et même de jeux vidéo.

Li Hao ne passait la voir que tous les quinze jours. Il était marié, et même père d'un bébé de 6 mois. Auprès de sa femme, pour s'absenter, il invoquait de mystérieuse mission pour le « parti ».

« ÇA NE VOUS INQUIÉTAIT PAS, TOUTES CES DISPARITIONS ? »

Kéké est la première de ses victimes. Il y en aura d'autres. À partir de l'été 2009, de nombreuses prostituées disparaissent

Ji Xuguang retrouve l'un de ces fameux « KTV » où Li Hao a enlevé une dénommée Chun, 18 ans, et Li Hu, 24. Il intercepte le patron, s'étonne qu'il n'ait pas averti la police.

> *POUR L'INCITER À SE FAUFILER DANS LE BOYAU ET À DESCENDRE JUSQU'À SON TOMBEAU, IL LA FAIT BOIRE ET LUI FAIT ABSORBER DES CACHETS.*

— Ça ne vous inquiétait pas ces disparitions ? demande-t-il.

Au regard que lui lance le boss, Ji Xuguang comprend qu'il a mis les pieds là où il ne fallait pas.

D'ailleurs, depuis plusieurs jours, le journaliste a l'impression d'être suivi. Quelqu'un a appelé son hôtel en son absence, or il n'a donné son adresse à personne, à Luoyang. Il a reçu aussi plusieurs appels anonymes sur son portable. Parano ? Peut-être. Mais difficile, pour Ji, de ne pas penser à ce journaliste de télé, qui enquêtait sur un trafic d'huiles frelatées fabriquées dans des usines clandestines, et qui vient d'être retrouvé assassiné d'une dizaine de coups de couteau.

Plus son enquête avance, plus Ji Xuguang a la certitude que la thèse officielle ne tient pas. Comment imaginer que Li Hao, ce petit fonctionnaire tout timide, ait pu monter seul une telle organisation ? Où a-t-il trouvé l'argent pour acheter sa cave ? Qui a financé ses travaux ? Pour qui dressait-il ses prisonnières jusqu'à les rendre aussi dociles que des animaux ?

« TU SAIS CE QUI SE PASSE QUAND ON DÉSOBÉIT ? »

Le récit des survivantes donne la chair de poule. Pour les asservir, Li Hao les affame, ne leur donnant à manger qu'un jour sur trois. Avec une webcam, il leur fait tourner des petits films pornos dont il imagine lui-même le scénario et la mise en scène. Toujours le même scénario, d'ailleurs : elles doivent se battre – se battre vraiment, jusqu'à se blesser. Et c'est la gagnante qui est violée devant les cinq autres. Ensuite, toutes les six, entassées sur le lit, les jambes enchevêtrées, doivent visionner la vidéo minable, rire et applaudir, sous peine d'être battues. Les films sont ensuite vendus.

De nombreux hommes descendent aussi dans la cave pour violer les prisonnières. Un tel degré de cruauté ne pouvait finir que dans le sang. L'explosion de violence se situe probablement fin 2011 (les séquestrées ont perdu la notion du temps). Elles ne se souviennent plus non plus très bien de ce qui a provoqué l'effroyable colère de Li Hao. Il gesticule, debout devant elles, à la lueur d'une lampe de poche.

— Toi, tu m'as désobéi ! Et tu sais ce qui se passe quand on désobéit ? Viens ici !

Chun se lève. Li Hao la retourne pour que les autres, assises sur le lit, voient bien son visage, au moment où elle va mourir, qu'elles voient bien les doigts de Li Hao qui lui écrasent la gorge. Il y a un râle, une convulsion avant que Chun tombe morte.

— Vous l'enterrez ! lâche Li Hao en sortant.

Les circonstances du second assassinat sont plus obscures. Li Hao, à son procès, niera avoir tué Kéké. Ce serait une bagarre entre filles, selon lui. De toute façon, il est probable que les malheureuses seraient toutes mortes si, dans le courant de l'année 2011, Li Hao n'avait pas eu l'incroyable imprudence de les faire sortir pour les vendre à l'extérieur. L'une des prisonnières, Ling Hu, parvient à fuir. Elle alerte la police. Li Hao est arrêté le soir même.

L'affaire ne traîne pas. Son procès, qui se déroule à huis clos, est expéditif. En novembre 2012, il est condamné à mort. Quant aux survivantes qui témoigneront à l'audience, elles ne sont pas autorisées à parler aux journalistes et disparaissent dans la nature. Mais l'histoire ne s'arrête pas là...

UN « SECRET D'ÉTAT »

Le reportage de Ji Xuguang paraît dans la foulée dans le quotidien *Nanfang*, basé à Canton. Le journaliste y émet des doutes sur la thèse officielle, selon laquelle Li Hao serait un pervers isolé et qu'il aurait monté seul sa salle de torture.

Le surlendemain de la publication de son article, il a la mauvaise surprise de voir débarquer dans le hall de son hôtel deux hommes qui se présentent comme des officiels du parti communiste de Luoyang. Ils reprochent à Ji Xuguang d'avoir dévoilé un « secret d'État », crime puni d'une très lourde peine. Sitôt leur menace formulée, les deux individus disparaissent. Ji Xuguang ne s'attarde pas. Il fait aussitôt sa valise et prend le premier vol pour Canton. Mais les 1000 kilomètres qu'il a mis entre lui et la mafia de Luoyang ne lui semblent pas suffisants. Une fois arrivé là-bas, craignant pour sa vie, il décampe de nouveau pour se cacher en lieu sûr avec sa famille.

Un officiel de Luoyang, interrogé sur les menaces pesant sur le journaliste, a eu cette réponse sidérante :

— Les trafics de femmes sont un fléau dans toute la Chine. Nous avions peur que ce reportage ternisse la réputation de notre ville, alors que Luoyang est engagé dans une compétition nationale où les communes s'affrontent pour le titre de « la ville la plus civilisée » !

Quelles horreurs cache encore cette ville « respectable » ? Li Hao ne serait que le fournisseur d'un puissant réseau, comme l'a suggéré Ji Xuguang ? En tout cas, il n'est plus là pour parler. Le 21 janvier suivant, il était exécuté par balle dans la cour de la prison de Luoyang.

Une enquête de **Pierre Baudoin**

L'épave de la Laguna après l'accident.
©AFP

Comment devenir célèbre quand on est dépourvu de tout talent ? Un jerrycan d'essence et une allumette peuvent suffire à faire un beau feu d'artifice !

JUSTE POUR FAIRE LA UNE

TOURS
Avril 2014

Mathieu* pousse tranquillement son chariot dans les rayonnages du supermarché de Chambray-lès-Tours et, soudain, il « le » voit ! C'est bien son père, Mohamed Fdoula, qui se trouve là, à quelques mètres. Depuis six ans qu'ils ne se sont pas vus, il a sacrément changé. Ses cheveux poivre et sel sont devenus blancs. Ses joues se sont creusées. Mais il a toujours cette lueur au fond des yeux, qui évoque pour son fils tant de mauvais souvenirs. Six ans déjà. La prison, le procès en 2010, la condamnation. On l'a donc libéré ? Déjà ? Mathieu, âgé de 20 ans, s'avance en rentrant instinctivement les épaules, comme à l'époque.

— Bonjour, papa.

Mohamed redresse la tête.

— Salut.

« ALORS ILS T'ONT LIBÉRÉ ? DÉJÀ ? »

Les deux hommes se tiennent face à face, sans bien savoir quoi se dire. Mathieu se souvient comme si c'était hier de ces scènes qui se déroulaient chez eux, dans le living familial. Son père, assis dans le canapé, aiguisait sa machette, en promettant de découper en morceaux le premier des trois qui broncherait. Son frère ? Lui ? Ou bien leur mère, Axelle* ? Pour ne pas entendre ce qui se passait dans la chambre conjugale, à l'étage, Mathieu, encore adolescent, montait le son de la télé. Et dire que les collègues de Mohamed Fdoula, à l'hôpital, où il était médecin urgentiste, le prenaient tous pour un « mec bien ». Il a fallu qu'Axelle porte plainte, en 2008, pour que Mohamed Fdoula soit jugé et condamné à six ans ferme.

— Alors comme ça, ils t'ont libéré ?

— Eh oui, tu vois, j'ai fait mon temps...

— On ne nous a pas informés...

La conversation s'engage, hésitante. Mathieu explique qu'il suit des études de médecine, lui aussi. Mohamed lui apprend qu'à sa sortie de prison, il est venu habiter leur ancienne maison familiale, désertée depuis l'affaire. Le jardin est envahi de mauvaises herbes. Les cordes de la balançoire sont pourries.

— Je n'ai nulle part d'autre où aller, dit-il.

Un blanc s'installe.

« LE TEMPS QUE LES POMPIERS ARRIVENT, IL EST TROP TARD. LA LAGUNA N'EST PLUS QU'UN AMAS DE TÔLES NOIRCIES »

À SA SORTIE DE PRISON, ELLE REDOUTE LE PIRE

Mathieu explique qu'il doit y aller et repart, plutôt soulagé, en poussant son chariot. Finalement, ça ne s'est pas si mal passé, pense-t-il. En réalité, tout ce qu'il a connu d'horrible dans sa jeunesse n'est rien comparé à ce que son père leur prépare...

Le soir, il annonce la nouvelle à sa mère. Axelle est elle aussi médecin généraliste. Elle effectue des remplacements, et travaille actuellement dans un cabinet médical d'Esvres-sur-Indre.

— Ils auraient pu nous prévenir ! dit-elle, paniquée.

La jeune femme, qui s'est battue à ses risques et périls pour mettre son mari hors d'état de nuire, redoute instantanément le pire.

De fait, à quelques kilomètres de là, Mohamed Fdoula est en pleine phase de préparation. Cela fait quinze jours qu'il est libre. Dans leur ancienne maison, il a stocké de l'essence, comme au temps où il en entreposait sous l'appentis, en menaçant de transformer leur maison en barbecue pour y griller sa femme et ses fils.

En consultant les petites annonces, il a trouvé une Laguna d'occasion qui fera l'affaire pour son projet.

Le jeudi 10 avril, Mathieu attend sa mère pour dîner, dans le petit appartement qu'ils partagent tous les deux désormais. Elle est en retard, injoignable sur son portable. La sonnerie résonne dans le vide. Très inquiet, Mathieu se décide à alerter la gendarmerie. Des enquêteurs se rendent au cabinet d'Axelle. La Renault grise de la jeune femme est introuvable.

Une équipe de gendarmes cynophile, un hélicoptère, des plongeurs sont déployés dans la région. Mais c'est trop tard, hélas...

Axelle a été enlevée à la sortie
de ce cabinet médical.

« JE VAIS TE BRÛLER VIVE DANS LA VOITURE »

Axelle a été enlevée par Mohamed à la sortie de sortie de son cabinet médical. Et maintenant, il s'enfonce avec elle au fond de la forêt, au volant de la Laguna. Il s'arrête dans une clairière. « *Tu verras,* l'avait-il souvent avertie par le passé, *un jour, tu finiras à la une des journaux.* » Ce jour est arrivé. Les jerrycans d'essence, la Laguna qui doit servir de bombe... Tout est prêt pour le feu d'artifice qu'il compte faire exploser en plein centre de Tours, avec Axelle au milieu des flammes.

Mais en attendant, il veut passer du temps avec elle. Comme ce jour où il est rentré à la maison, avec du matériel dérobé à l'hôpital. Seringue, garrot, Hypnovel au potassium. De quoi provoquer un arrêt cardiaque en quelques secondes. Radical. Encore plus effrayant que le poignard, qu'il s'amusait à poser en évidence sur sa table de nuit.

Cette fois, il lui annonce bien à l'avance ses intentions, pour savourer sa peur :

— Je vais te brûler vive place Jean-Jaurès. Mais avant nous allons passer la nuit ensemble...

Une nuit de violence et de terreur. Au moment de repartir, à l'aube du vendredi 11 avril, voilà que l'antique Laguna tombe en panne ! Mohamed ouvre le capot, bricole quelques fils. Le moteur repart. Simple contretemps pour le feu d'artifice qu'il a promis.

TOUT LE MONDE HURLE DE TERREUR

12 h 10. La Laguna atteint le centre de Tours. À la station Anatole-France, Jean-Sitho, un père de famille qui réside dans les quartiers nord de la ville, grimpe dans le tramway et s'assied derrière le conducteur, près de la fenêtre. Le tramway repart en douceur. Soudain Jean-Sitho se fige, stupéfait.

Depuis l'avenue de Grammont, une Laguna arrive lancée à pleine allure, sur une voie interdite aux voitures. La logique voudrait que le conducteur freine, mais non, il accélère !

Derrière les grandes vitres du tramway, toutes les têtes se tournent en même temps, incrédules. Et c'est le choc.

« Je n'avais jamais rien vu d'aussi horrible », dira une vieille dame qui assistait à la scène depuis le trottoir.

Le tramway est percuté avec une telle force qu'il sort de ses rails. La Laguna est instantanément pliée, dans un gémissement de tôle froissée. Des éclats de ferraille et de plastique volent dans toutes les directions. Mais ce n'est que l'acte I.

Tandis que les passagers du tramway, durement secoués, peinent à réaliser ce qui vient d'arriver, des passants s'approchent de la Laguna pour secourir les passagers. Et c'est l'explosion. Un embrasement instantané, alimenté par le bidon d'essence que Mohamed gardait à l'avant du véhicule. Les témoins, paralysés, voient la peau et les cheveux du conducteur s'enflammer. Un jeune homme court vers le commerce le plus proche pour chercher un extincteur. Un autre essaie de s'approcher du brasier pour tenter un sauvetage in extremis. En vain. À l'intérieur du tramway, des passagers hurlent, et les portes à peine ouvertes, c'est la ruée vers l'extérieur.

L'ACCIDENT CACHE DEUX BONNES NOUVELLES

Le temps que les pompiers arrivent, il est trop tard. La Laguna n'est plus qu'un amas de tôles noircies. Six personnes sont évacuées vers l'hôpital, cinq à cause du choc psychologique, et une pour avoir respiré les fumées. Quant à Mohamed Fdoula, brûlé à 80 %, il a déjà rendu l'âme. Il est mort comme il l'avait promis. Un suicide à la voiture folle, en plein centre-ville, en s'encastrant dans un tramway.

Mais ce drame spectaculaire cache au moins deux bonnes nouvelles. La première, c'est que l'incendiaire n'a pas fait d'autre victime que lui-même. Presque un miracle. La seconde, c'est qu'Axelle est vivante !

Son ancien mari la croyait prisonnière dans le coffre. Mais, au petit matin, pendant qu'il tentait de remettre en marche la vieille voiture. elle a réussi à s'enfuir et se cacher dans un sous-bois.

Mohamed Fdoula voulait voir son ex-femme à la une des journaux. Il aura été le seul finalement à faire les gros titres. ●

Une enquête de **Vincent Sénécal**

Dans son sac, il a du Serflex
et une scie à métaux.

3 ÉTUDIANTES, 1 APPART, 1 MASSACRE

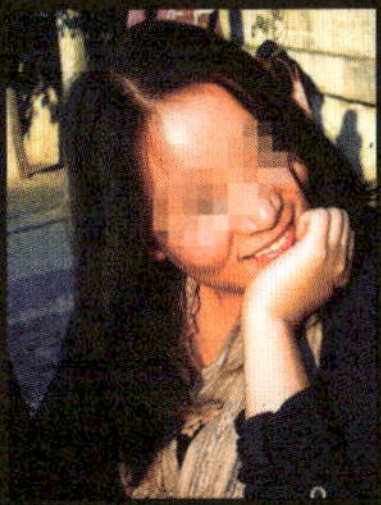

Eliana, 25 ans, a été tuée la première.

Jacqueline,20 ans, la seconde victime du meurtrier.

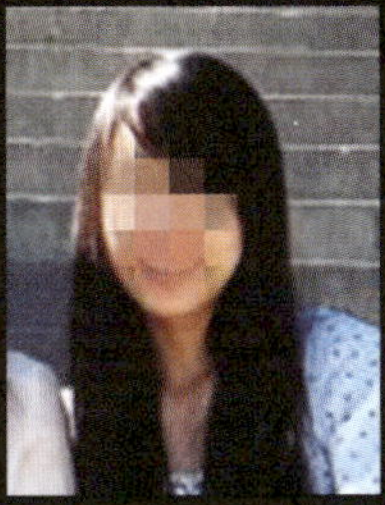

Après avoir rompu avec Benjamin, Nan ne pouvait pas imaginer la suite.

PARIS
Mai 2013

Le type est plaqué à la façade de l'immeuble, à dix mètres au-dessus du vide. Il essaie d'avancer en faisant glisser ses pieds l'un après l'autre sur le mince rebord de ciment. Ses doigts cherchent la moindre aspérité, tandis qu'il progresse avec une lenteur infinie vers une autre fenêtre, à deux mètres, sur sa droite. Et puis, soudain, le cauchemar, il dérape ! Déséquilibré, emporté par son poids, il part en arrière et tente encore de se retenir au mur, dans un réflexe désespéré...

Il est 19 h 15. Au 29 du boulevard Edgar-Quinet, dans le 14e arrondissement de Paris, une femme architecte travaille sur ses plans, dans son atelier éclairé par une verrière, au deuxième étage. Tout à coup, un immense fracas la fait sursauter ! Le plafond de verre vient d'exploser au-dessus de sa tête. La femme lève les yeux. Un homme est étendu là-haut, sur la toiture de sa verrière, le corps disloqué entre les poutres métalliques. De sa gorge tailladée, un mince filet de sang s'échappe. Et le voilà qui tourne la tête, qui cligne des yeux et gémit ! Il est vivant ! L'architecte se rue sur son téléphone pour appeler les pompiers.

Quand les secours arrivent boulevard Edgar-Quinet, le blessé est dans un piteux état, coupé et contusionné de partout, les os brisés. Mais il est encore conscient, et capable de parler. Il dit s'appeler Benjamin W. Ce qui lui est arrivé ? Il explique qu'il était à la fenêtre de l'appartement du sixième, en train de passer un coup de fil, et que son téléphone lui a échappé des mains. Il a basculé à l'extérieur en essayant de le rattraper. Mais en levant les yeux, les pompiers s'aperçoivent que la fameuse fenêtre est décalée de plusieurs mètres par rapport au point de chute du garçon. Ce qui veut dire qu'il ment.

Que pouvait-il bien fabriquer suspendu à la verticale d'un immeuble parisien, un soir d'hiver, à risquer sa vie ?

Quelques minutes après, des policiers investissent l'appartement du sixième. Et y trouvent... deux cadavres. Deux jeunes femmes de 20 et 25 ans massacrées avec une sauvagerie démente. Du sang partout. Et un sac à dos avec tout un matériel de tortionnaire. Un sac qui appartient à un certain... Benjamin W.

UNE IMPOSSIBLE INTIMITÉ

Pour comprendre cette tragédie, il faut remonter à la rentrée 2012. Benjamin W, un Allemand de 25 ans, s'est inscrit à l'École supérieure de commerce de Rouen. Il parle encore un français approximatif, et se sent un peu perdu. Aussi est-il heureux de faire la connaissance d'une autre étudiante étrangère, venue d'encore plus loin. Nan est chinoise. Elle a commencé ses études en Chine, à l'université de Wuhan, avant de les poursuivre au Canada puis de venir les terminer en France. Polyglotte, brillante, elle est aussi jolie comme un soleil. Benjamin en tombe éperdument amoureux.

> *IL LUI CONSEILLE VIVEMENT DE SORTIR AVEC UN « BLANC » SI ELLE ENTEND S'INTÉGRER EN EUROPE.*

Tous deux se rapprochent, flirtent un peu. Arrive la fin de l'année. Nan se fait embaucher à la BNP, à Paris. Benjamin décide de passer son été près d'elle, dans la capitale. Mais la jeune fille vit avec ses deux jeunes sœurs, Eliana et Jacqueline, 25 et 20 ans. Dans ces conditions, impossible pour Benjamin d'espérer un peu d'intimité avec Nan.

PAS DE GARÇON À LA MAISON LA NUIT

Les deux frangines sont aussi douées que leur aînée. Eliana, déjà diplômée, travaille comme consultante chez Ernst & Young, un des plus gros cabinets d'audit au monde. Quant à Jacqueline, titulaire d'un Bac S avec mention très bien, elle est étudiante à l'Institut supérieur des arts, en section multimédia... Les trois filles partagent un confortable quatre-pièces au 29 du boulevard Edgar-Quinet, au sixième étage. Elles l'habitent avec une colocataire.

S'entendant à merveille, elles ont une règle d'or : pas de garçon à la maison pendant la nuit. Pour ses congés estivaux, Benjamin doit donc louer un studio dans un appart-hôtel, quelques rues plus loin. Le soir, quand Nan le veut bien, il la ramène chez lui.

PRÊT À TOUT POUR LA RECONQUÉRIR

Les vacances se terminent. Benjamin repart à Berlin, où on lui propose un poste de développeur de logiciels. Il bombarde Nan de mails, plus amoureux que jamais. Mais elle, en revanche, finit par se lasser de cette relation. Elle n'y croit plus vraiment. Et tente de prendre ses distances en douceur.

Benjamin s'accroche. Il parle de mariage. Il veut savoir ce qu'elle fait, avec qui elle sort. Nan, énervée, finit par ne plus lui répondre.

L'assassin a tenté de s'échapper en passant par la fenêtre.

Benjamin W. a chuté du 6e étage d'un immeuble parisien et a atterri sur la verrière.

En janvier dernier, le garçon déboule à Paris. Il va droit chez Nan. Laquelle lui met clairement les points sur les « i » : elle sort avec quelqu'un d'autre, un Chinois. Benjamin lui dit qu'il est prêt à tout pour la reconquérir, qu'elle est l'amour de sa vie. Et il ajoute que si elle entend s'intégrer en Europe, elle ferait mieux de sortir avec un Blanc. On imagine que le propos est fraîchement accueilli...

Incapable de renoncer à son amour, il loue un studio, rue de la Gaîté, à deux pas de l'appartement des trois sœurs. Pour la Saint-Valentin, il invite Nan au restaurant, c'est la soirée de la dernière chance. Mais si Nan accepte le dîner, c'est pour mettre une énième fois les choses au point. L'addition réglée, elle refuse de le suivre chez lui. Et Benjamin, enfin, comprend que la partie est perdue. Le lendemain, il se rend dans des magasins pour s'y procurer tout un matériel inquiétant : des menottes, du Serflex, des sacs-poubelles, une scie à métaux...

UN COMBAT TROP DÉSÉQUILIBRÉ

Quinze jours ont passé depuis cette soirée de Saint-Valentin. Eliana rentre la première dans l'appartement du boulevard Edgar-Quinet. Elle cherche les clés dans son sac. Mais à peine a-t-elle ouvert que quelqu'un jaillit dans son dos ! C'est Benjamin, qui la pousse à l'intérieur et referme brutalement la porte derrière eux.

Une lutte confuse s'engage. Le garçon comprime la bouche d'Eliana sous sa main pour l'empêcher de crier, mais elle se débat et l'entraîne dans la cuisine. Avisant alors un large couteau qui traîne sur le plan de travail, il le saisit et frappe.

À plus de vingt reprises, la lame s'enfonce dans la poitrine et la gorge de la jeune fille. Eliana est morte avant même, sans doute, de s'effondrer par terre. Et Benjamin se retrouve seul avec ce corps sans vie.

> **MENOTTES, SERFLEX, SACS-POUBELLES, SCIE À MÉTAUX : UN BIEN ÉTRANGE MATÉRIEL.**

18 h 30. Jacqueline, la benjamine, âgée de 20 ans, rentre à son tour de son stage en entreprise. Dans le couloir, elle tombe nez à nez avec Benjamin qui se jette sur elle, son couteau en avant. Jacqueline pratique l'aïkido, elle sait théoriquement se défendre, mais le combat est trop déséquilibré. Benjamin lui taillade les avant-bras, puis il trouve la faille et lui porte un premier coup au côté. Suivi d'un autre. Et, comme il l'a fait avec sa sœur, il s'acharne en barbare, la massacrant de plusieurs dizaines de coups mortels !

Il n'a plus qu'à attendre Nan... Car il faut bien que les menottes, le Serflex et la scie à métaux qu'il a emportés servent enfin !

Mais les choses ne vont pas se passer comme prévu. La colocataire des trois sœurs entre. Le temps d'entrevoir le carnage, tout ce sang, et elle redescend l'escalier en hurlant ! Voilà Benjamin coincé. Pris au piège.

Il abandonne son sac, ouvre la fenêtre, prend pied comme il peut sur le minuscule rebord cimenté... On connaît la suite. Une chute vertigineuse. Et la verrière en contrebas qui explose et amortit le choc.

QU'EST-IL ARRIVÉ À SES SŒURS ?

Lorsque Nan arrive à son tour boulevard Quinet, à 19 h 30, elle trouve une cohorte d'hommes en uniforme dans le hall de l'immeuble.

— Où allez-vous ? lui demande-t-on.

— Chez moi. Au sixième...

La jeune femme est aussitôt emmenée dans une pièce à l'écart, où une « cellule psychologique » a déjà été constituée pour l'accueillir. Lui parler. Lui expliquer ce qui s'est passé. Et la malheureuse apprend que ses deux sœurs adorées sont mortes, massacrées, pour une histoire d'amour qui ne concernait qu'elle. Benjamin, lui, est un miraculé, mais il passera l'essentiel de sa vie en prison.

> En 2016, Benjamin W., a été condamné par la cour d'assises de Paris à 25 ans de réclusion criminelle.

Une enquête de **Vincent Sénécal**

Elle a échappé à deux salauds
pour tomber sur un serial-violeur…
UN VIOLEUR
PEUT EN
CACHER
UN AUTRE

Cette histoire ne peut pas être vraie,
ça n'a pas pu arriver, c'est forcément inventé !
Et pourtant non.
Les faits relatés ici sont tous exacts,
même s'ils semblent tout droit sortis
de l'imagination d'un dingue.

AMIENS

Janvier 1999

Quand on sort d'une cour d'assises où l'accusé en a pris pour quinze ans, on se dit que sa victime va être tranquille pour un bon bout de temps. Mais c'est une illusion. En feuilletant mes anciens calepins, je m'aperçois que c'est fou, le nombre de violeurs, d'étrangleurs, d'égorgeurs condamnés à de lourdes peines qui se baladent en liberté. Régis B., par exemple. Il est déjà dehors.

Le procureur avait réclamé vingt ans. Les jurés l'ont condamné à quinze. Avec le jeu des réductions de peine, B. a donc dû sortir en 2006. Je l'entends encore, pendant son procès d'assises, dire au président d'une voix calme et persuasive :

— Vous savez, je ne crois pas que je puisse m'arrêter de violer les femmes. Parfois, je me fais peur à moi-même.

UN QUARTIER TRISTE COMME UN CIMETIÈRE

Si je me souviens bien, il habitait dans une banlieue d'Amiens.

Ce quartier, il réussit à être triste même les soirs de réveillon. Il est 6 h 30 du matin quand Sandrine sort du *Star Night*. Il faudrait un Simenon pour décrire cette longue rue toute droite bordée de maisons aux volets fermés. Seul signe d'une présence humaine, ce 1er janvier, les lumières de la discothèque. Pour faire gai, le patron a bricolé une guirlande multicolore. Mais cette lumière clignotante noyée dans la bruine est plus sinistre que la nuit noire. J'y suis retourné pour l'enquête et, franchement, on se sentirait le cœur moins lourd dans un cimetière.

« EST-IL VRAI QUE VOUS CORRIGIEZ L'ACCUSÉ EN LUI CLAQUANT LA TÊTE CONTRE LES MURS ? »

Sandrine a fêté seule ce 31 décembre. Elle est donc seule sur le trottoir du *Star Night*, à 6 h 30 du matin, s'apprêtant à parcourir un bon kilomètre pour rentrer chez elle, à l'est de la ville, près de la zone commerciale. Deux types sortent derrière elle. Ils ont dansé plusieurs fois ensemble et échangé trois blagues au bar. Pour Sandrine, cela suffit pour en faire des copains et elle les suit quand ils lui proposent d'aller manger des frites dans un kebab pour routiers et de « la raccompagner après ».

Évidemment, ce n'est pas recommandé de monter dans la voiture du premier venu, mais chaque samedi soir que Dieu fait, des centaines de jeunes filles commettent la même imprudence, et il ne leur arrive rien. Mais Sandrine n'est pas quelqu'un qui a de la chance. Seule après une rupture sentimentale douloureuse, sans job à 33 ans malgré un BTS de comptabilité, elle fait des ménages pour vivre.

ILS COMMENCENT PAR TRAITER SANDRINE DE PUTE ET DE SALOPE

La voici à l'arrière de la voiture. L'un des types s'installe à côté d'elle. Je la revois deux ans plus tard à la barre du tribunal, toute mince dans un petit pull et un pantalon gris :

— Quand j'ai vu que l'un d'eux se mettait derrière, j'ai compris, dit-elle.

Mais c'est trop tard. L'autre démarre. Il est ivre. Au lieu de regarder la route, il fixe dans le rétroviseur son copain qui commence à tripoter Sandrine. Le pull est déjà remonté au-dessus des seins de la jeune fille, le type n'arrive pas à décrocher l'agrafe du soutien-gorge, à cause de son pote, à l'avant qui donne des coups de volant

IL Y A QUELQUE CHOSE QUI NE VA PAS DANS MA TÊTE. VOUS SAVEZ, JE CROIS PAS QUE JE PUISSE M'ARRÊTER DE VIOLER !

dans tous les sens. Tous les deux rigolent, lancent des plaisanteries cochonnes, traitent Sandrine de pute et de salope. Vous avez remarqué ? Les bourreaux ont toujours besoin de rabaisser leur victime, comme pour se justifier du mal qu'ils vont leur faire.

La voiture tangue, manquant à chaque instant de heurter un mur. Elle prend la direction opposée au kebab. Le type à l'arrière a mis une main entre les jambes de Sandrine.

LUI LAISSERONT-ILS LA VIE SAUVE ?

La suite semble écrite : une fois sortis de la ville, ils la violeront tous les deux. « Viol en réunion », c'est la formule juridique. Et après ? Lui laisseront-ils la vie, au risque qu'elle les dénonce ?

Dans la voiture, le type a dégagé ses seins. Ça excite l'autre, qui se met à foncer. Mais au centre d'Amiens, il va forcément devoir ralentir. Sandrine le sait et attend le bon moment. Au lieu de se débattre, elle laisse son voisin commencer à descendre son pantalon et examine attentivement la portière de la Clio. Elle n'est pas verrouillée, il y a juste la poignée à baisser. Par chance, c'est un vieux modèle. Pas l'un de ces pièges électroniques qui emprisonnent d'un clic les passagers sitôt que la voiture démarre. L'ingénieur qui a inventé ce système n'a jamais lu un fait divers de sa vie.

UNE JOLIE ALFA ROMEO APPARAÎT SOUDAIN À L'HORIZON

Une rue étroite, mal éclairée... C'est le moment. Sandrine avance la main vers la portière pendant que le type à ses côtés est occupé à ouvrir sa braguette. Elle attrape la poignée, donne un coup d'épaule, rebondit brutalement sur le bitume, roule plusieurs fois, avant de s'immobiliser. Malgré le choc – elle s'est foulé le poignet gauche – Sandrine est saine et sauve et elle entend parfaitement la discussion des deux connards qui ont stoppé quelques mètres plus loin. L'un d'eux parle de l'obliger à remonter, l'autre, sans doute un peu dégrisé, hésite.

Soudain, il y a un bruit, un discret chuintement de pneus sur le bitume humide. Une voiture. Une jolie Alfa Romeo rouge des années 70, un superbe collector. Sandrine entrouvre les yeux. Pendant que la Clio redémarre à toute vitesse, un jeune homme d'une trentaine d'années aux cheveux blonds courts, au regard très bleu, se penche sur la blessée. Vous l'avez reconnu ? C'est Régis B., l'homme qui avait été condamné à quinze ans de prison pour viol au début des années 2000. À l'époque, il avait avoué : « Je ne peux pas m'empêcher de violer les filles ».

— Ça va aller, Mademoiselle ? Vous pouvez bouger ?

Il l'aide à se soulever, l'installe sur le siège passager avec précaution.

— Il faut aller à l'hôpital. Je vais vous conduire.

LE JEUNE INCONNU A UN PHYSIQUE D'ACTEUR DE CINÉMA

Sandrine, qui avait gardé l'œil sec tout à l'heure, fond en larmes devant tant de douceur. Il y a bien longtemps que personne n'a été aussi gentil avec elle.

Plus tard, elle m'avouera qu'elle est une lectrice assidue de *Nous Deux*. « *Je les cache au fond de ma penderie quand des copines viennent me voir, ça fait trop ringard...* », me dira-t-elle. N'empêche, c'est bien une scène de son magazine préféré qu'elle a l'impression d'être en train de vivre, « lovée », comme on dit dans son journal, dans le fameux fauteuil en cuir rouge des Alpha, avec, au volant, un garçon au physique d'acteur. Son sauveteur.

— On va aller à l'hôpital sud, c'est le plus proche, dit-il.

Roulant doucement pour éviter les « à-coups », le jeune homme tourne vers elle un regard inquiet. Ils se taisent. Mais on peut imaginer le tumulte dans leurs têtes. Sandrine, en plein délire sentimental, voit déjà la love story. Elle se dit « *Il faut que je lui explique pourquoi j'ai suivi ces deux types, qu'il ne s'imagine pas que je suis un genre de fille qui va avec n'importe qui...* ». Mais Régis B., lui, ce n'est pas les romans de *Nous Deux* qu'il a en tête, plutôt *Hot Vidéo*.

SANS UN MOT, LE CONDUCTEUR BASCULE LE SIÈGE

Sur son visage, rien ne transparaît mais, à l'intérieur, il lutte. Comme il le confiera plus tard à son avocat, il espère encore pouvoir résister à ces pulsions qui le dominent.

> **CE SOURIRE, CES TROIS MOTS PRONONCÉS D'UNE VOIX TIMIDE, C'EST ÇA QUI A TOUT DÉCLENCHÉ.**

« Je me disais, il faut que je tienne jusqu'à l'hôpital. Ne pas la regarder, surtout ne pas la regarder... »

Les bâtiments hospitaliers, on les aperçoit déjà au loin, fondus dans la brume matinale. Il suffirait qu'il parvienne à les atteindre mais d'autres images remontent à la surface. Cette fille qu'il avait tabassée dans une rue d'Amiens. C'était encore un hiver, à l'aube, un 28 décembre. Il avait acheté une matraque en caoutchouc noire sur Internet, 38 euros, frais de port inclus. L'engin rebondissait sur le crâne de la fille, elle se protégeait de ses bras et lui la frappait où il pouvait. Il avait beau lui dire de la fermer, plus il cognait et plus elle gueulait. Il avait dû finir par déguerpir avant qu'elle ne réveille tout le quartier. Finalement, ce n'était pas une si bonne idée, cette matraque.

La fois d'après, il avait préféré un cutter. Avec une lame de rasoir appuyée à l'endroit de la carotide, juste sous l'oreille, en haut du cou, la fille s'était montrée délicieusement silencieuse. Il l'avait prise debout, et elle s'était si bien laissé faire qu'il aurait pu avoir l'illusion qu'elle aimait ça, si son regard terrorisé ne montrait pas tout le contraire.

SES LARMES NE S'ARRÊTERONT PLUS DE COULER

C'est un peu plus tard qu'il a été arrêté. Deux ans de préventive. Les assises. Condamné à dix ans, il a fait cinq ans et trois mois. Avec le recul, il s'était dit que ce n'était pas si cher payé pour l'intensité de ce qu'il avait ressenti cette nuit-là.

Plus que cent mètres et ils sont arrivés. Sandrine se tourne vers lui.

— Ça va mieux, dit-elle, avec un sourire reconnaissant.

Ces trois mots prononcés timidement, ce sourire, comme si elle s'offrait à lui, c'est exactement ce qu'il ne fallait pas.

Au lieu de continuer tout droit, rue Jean-Moulin, Regis B. bifurque brusquement dans la rue du Campus. Même si c'est un peu curieux ce détour alors qu'en continuant, ils seraient à moins de cent mètres de l'entrée des urgences,

Sandrine est confiante. La rue du Campus longe les bâtiments de la cité universitaire puis se perd au milieu de terrains en friche. L'homme stoppe et, sans un mot, abaisse le siège passager.

Devant la cour d'assises, deux ans plus tard, les larmes inondent le visage de Sandrine. Des larmes qui n'en finissent pas de couler et dont j'ai le sentiment qu'elles ne s'arrêteront plus jamais, après ce qui s'est passé :

— Il m'a déshabillée, il s'est couché sur moi. Il m'écrasait de tout son poids. Je me débattais, je pleurais, j'appelais « maman ! ». Deux fois, j'ai réussi à ouvrir la portière, mais il la refermait. Ça a duré très longtemps. Je lui disais : « Arrête, j'ai le sida ». Il a recommencé sept fois, de toutes les manières possibles. Après, il avait l'air content de lui. On sentait que ce qu'il venait de faire lui avait fait très plaisir. J'avais cru qu'il venait à mon secours ! s'écrie-t-elle en se tournant, pleine de reproches, vers l'accusé. S'il sort un jour, c'est sûr qu'il recommencera.

PERSONNE AUTANT QU'ELLE NE MÉRITE UN HAPPY END

Régis B. a de nouveau été condamné. Il est sorti de la centrale de Bapaume il y a cinq ans. J'ai fini par retrouver sa trace dans un studio d'Amiens, au rez-de-chaussée d'une maison en briques. Il vit seul.

Sa famille ne veut plus entendre parler de lui. Il pourrait certainement bosser avec son CAP en boulangerie. Mais non, il préfère pas. Pour quoi faire ? La République, bonne fille, lui verse son RSA tous les mois, rubis sur ongle. Ça lui laisse du temps pour gamberger et bricoler de jolies voitures anciennes comme son Alfa.

Quant à Sandrine, ça n'a pas été une mince affaire de remonter jusqu'à elle. Elle s'est mise sur « liste rouge », sans doute par trouille.

Dans ce genre de dossier, il fut un temps où les flics nous donnaient un coup de pouce, en nous filant l'adresse.

Après tout, si la victime est d'accord, une petite visite pour lui dire qu'elle n'est pas toute seule avec sa peine et que l'on pense toujours à elle, même si elle n'est plus dans « l'actu », ça ne peut que faire plaisir.

Je ne saurai donc pas ce qu'elle est devenue. Mais je lui souhaite de rencontrer enfin quelqu'un de bien. Un grand amour, digne de ses romans de Nous Deux. Personne autant qu'elle ne mérite un happy end. ●

Une enquête de **Michel Mary**

Des plongeurs de la gendarmerie sondent les plans d'eau de la base de loisirs de Chénérailles à la recherche du bébé.

THRILLER SANGLANT AU CAMPING

Pas de marche blanche, pas de mobilisation pour retrouver le bébé disparu, personne pour consoler les parents éplorés…
Quand je débarque sur la base de loisirs, j'y trouve une ambiance étrange.

CHÉNÉRAILLES

Août 2014

Parcours de santé, terrain de boules, minigolf, toboggan pour les enfants… La base de loisirs située à proximité de Chénérailles, dans la Creuse, est un lieu de détente délicieux pour les vacanciers des environs. Profitant des derniers jours avant la rentrée, on continue de se baigner et de pêcher l'écrevisse dans les étangs, de profiter des forêts alentour, comme en plein été.

Mais tout ce bonheur tranquille, c'était avant. Avant que l'on entende ce cri de femme, ces bruits de course dans les sous-bois. Avant ce soir du mercredi 27 août où Loan, 4 mois, a été enlevé en plein camping presque sous les yeux de ses parents. Une horreur…

Depuis, le terrain de pétanque et le minigolf sont désertés. Le vrombissement incessant de l'hélicoptère de la gendarmerie qui passe et repasse au-dessus des bois ôte toute envie de s'amuser. L'enlèvement de Loan s'est produit en quelques secondes, presque devant ses parents, qui n'ont rien pu faire pour rattraper le ravisseur.

IL Y A UNE AMBIANCE MACABRE

Quand j'arrive sur la base de loisirs pour mon enquête, je trouve l'atmosphère tendue, angoissante qui règne chaque fois que la vie d'un enfant est en danger.

Immédiatement, un détail inhabituel me frappe. Pourquoi la population des environs ne s'est-elle pas jointe aux enquêteurs pour participer aux battues ? Pas de petits mots d'encouragement pour la famille à l'endroit du kidnapping, pas d'affichettes annonçant une marche blanche.

Les jeunes parents sont pourtant de la région, puisqu'ils habitent à Lavaveix-les-Mines, à moins de 10 kilomètres d'ici. Leur famille vit là depuis des générations. Et tout le monde, dans le pays, serait indifférent à leur malheur ?

> « POURQUOI LA POPULATION NE S'EST-ELLE PAS JOINTE AUX ENQUÊTEURS POUR PARTICIPER AUX BATTUES ? »

Je gare ma voiture au centre du village de Chénérailles – 800 habitants –, et m'installe à Norre, le bar-boucherie de la place du Champ-de-Foire. Il y a là une demi-douzaine de clients. Mon premier café est gratuit, réglé d'office par mon voisin de droite qui paie sa tournée. À mon tour d'offrir la mienne, et de me mêler à la conversation. J'évoque l'enlèvement de Loan.

— De toute façon, dit quelqu'un, si c'est le fils de Cédric D. qui a été enlevé, on ne le retrouvera pas vivant.

Il y a un blanc. D'après ce que je comprends les frères de Cédric sont réputés dans le coin. Mais pas en bien. Des ivrognes, des bagarreurs, des types sans limite qu'on fuit comme la peste, me dit-on. L'un des frères aurait été arrêté pour avoir lapidé un homme et jeté son corps dans la Creuse. Cédric, le père du petit Loan, dégaine son couteau pour un rien. « Même quand il n'a pas bu », précise un client.

Conduite sans permis, vols, recel, cambriolages, appels téléphoniques malveillants, outrages, falsification de chèques... À la gendarmerie, la liste de ses délits remplirait une pleine page d'ordinateur, à ce qu'on me dit. Cédric battrait aussi Christelle, la mère de Loan. Si elle a fait deux fausses couches, ce serait à cause des coups qu'il lui a donnés pour la faire avorter.

CETTE HISTOIRE NE COLLE PAS...

Une des nombreuses victimes de Cédric aurait enlevé son gosse pour se venger ? C'est ça qu'on cherche à me faire comprendre, ou quelque chose de plus terrible encore ?

Soudain, une ZX verte traverse en trombe la route principale du village. C'est

La mère, de l'enfant.

Cédric. En plein excès de vitesse, il conduit sans la moindre gêne alors qu'il n'a plus de permis. À ses côtés, une femme aux cheveux châtains. C'est Christelle, me dit-on.

Sans chercher à les suivre en voiture – je ne suis pas un héros –, je retourne sur la base de loisirs. Cédric a expliqué aux enquêteurs qu'ils venaient de finir une partie de pétanque quand Loan a été enlevé. La nuit était tombée. Christelle s'affairait près du coffre ouvert de leur ZX. Quelqu'un a surgi à ce moment et s'est enfui avec le cosy où se trouvait le bébé. Cette histoire ne colle pas. D'abord, Cédric et Christelle n'avaient jamais joué à la pétanque auparavant. Pas une seule fois, ni ce mercredi 27 août, ni aucun un autre jour, on ne les a vus sur le boulodrome. Et puis, à l'heure où ils prétendent avoir joué, il faisait nuit, or le boulodrome n'a pas d'éclairage !

Et comment expliquer que Cédric n'ait pas couru après le kidnappeur. À 30 ans, on a de bonnes jambes. Il aurait facilement rattrapé l'individu ralenti par le poids du couffin.

— Moi, même en fauteuil roulant ou avec une jambe dans le plâtre, je cavalerais après un type qui m'aurait enlevé mon môme ! a remarqué un client du Norre, tout à l'heure.

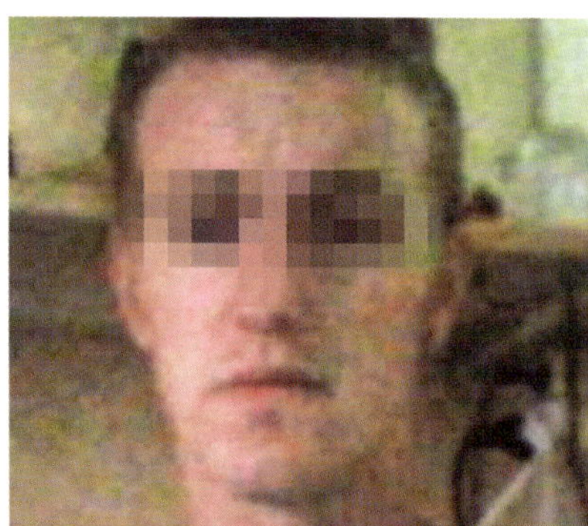

Cédric D., le père de l'enfant, a été condamné à douze ans de réclusion criminelle.

LA SCÈNE DU CRIME EST INTERDITE

Sur la base de loisirs, les derniers vacanciers préfèrent plier bagage. La scène du crime est interdite d'accès. Même pêcher est défendu désormais. Les plongeurs de la gendarmerie ont pris possession de l'étang. S'ils cherchent le bébé au fond de l'eau, autant dire qu'ils n'ont plus d'espoir de le retrouver vivant. En reprenant le volant, je songe aux deux fausses couches de Christelle. Et Loan ? Cédric a-t-il aussi essayé de s'en débarrasser de cette façon quand Christelle était enceinte de lui ?

Je comprends mieux pourquoi la population n'a pas participé aux battues pour retrouver le petit garçon. Les habitants de la région ont leur idée. Moi aussi.

« À 30 ANS, ON A DE BONNES JAMBES. IL POUVAIT FACILEMENT RATTRAPER L'INDIVIDU RALENTI PAR LE POIDS DU COUFFIN. »

Cédric a été arrêté chez lui le 31 août. Ses aveux sont glaçants : en fait, le bébé était mort depuis six ou sept jours quand il a inventé cette mise en scène minable près de la base de loisirs. Mort sous ses coups, parce que Cédric ne supportait pas qu'il régurgite son lait ! Comment Christelle et lui se sont-ils débarrassés du corps ? Eh bien, il faut imaginer la scène... La ZX vert sombre qui se gare à la tombée du jour, à 30 Km de Chénérailles. Le jeune couple qui en descend. Un coup d'œil pour s'assurer qu'il n'y a personne, avant de s'avancer vers l'étang. Arrivé près de la berge, Cédric creuse un trou dans la terre humide. Quelques minutes suffisent, le trou est vite assez profond pour le sac-poubelle où est enfermé Loan.

— D'abord, on va faire comme si le gamin, on l'avait toujours. Après, on verra, aurait ordonné Cédric sur le chemin du retour.

IL DÉGAINE SA LAME POUR UN RIEN

Pendant plusieurs jours, le couple promène dans une poussette un poupon en plastique enroulé de couverture. Puis vient la mise en scène du faux kidnapping qui ne trompera les enquêteurs que quelques heures. Restait aux gendarmes à déterrer le petit corps pour donner une sépulture humaine à Loan, mort à 4 mois pour avoir régurgité son lait. Cédric, mis en examen pour violences volontaires ayant entraîné la mort sans intention de la donner, a écopé de douze de réclusion. Christelle, pour non-assistance à personne en danger et recel de cadavre, a pris trois ans.

*Une enquête d'***Hervé Hellec** *et de* **Michel Mary**

BRÈVES

5 KILOMÈTRES POUR EN FINIR

Il le voit dans son rétro : il y a bien un homme agrippé au pare-chocs de sa voiture. Et cet homme, c'est le mari de sa maîtresse...

ATTIGNY
Avril 2014

Existe-t-il pire situation ? Vous roulez au volant de votre voiture avec, sur le siège passager, la femme que vous aimez, et que voyez-vous, soudain, dans le rétroviseur ? La tête du mari de votre maîtresse ! Le type s'est agrippé à votre pare-chocs. Il hurle des mots que vous ne comprenez pas.

Peut-être vous crie-t-il que vous êtes un salaud. Ou bien, plus simplement, il vous supplie de vous arrêter, sinon, il va s'écraser sur la chaussée. Que faire ? Stopper ou, au contraire, appuyer sur l'accélérateur pour s'en débarrasser, une fois pour toutes ?

Certes, jamais P. B., « Bubu » pour les copains, n'aurait imaginé connaître un jour un tel dilemme. D'autant que le malheureux qu'il voit hurler dans son rétro était jadis son meilleur ami. Pendant des années, P. passait presque tous ses week-ends chez Olivier et sa femme Virginie. Les tablées, le dimanche, avec les trois enfants du couple, étaient toujours joyeuses. Surtout pour P., qui n'a jamais eu de famille.

Mais, au fil des années, le couple d'Olivier et de Virginie s'est défait Et désormais, ils ne sont plus mari et femme que sur le papier.

Pourquoi l'a-t-elle choisi lui ?

Leur unique distraction, au fond, ce sont les visites de P., bûcheron de son état. Olivier et lui font partie du milieu du motocross de la région. Virginie, Olivier, P., tous les trois semblent trouver leur compte. Sauf que, dans un trio, il finit toujours par y en avoir un de trop ! Ce sera Olivier. Un soir, Virginie et Bubu se retrouvent seuls en tête-à-tête pendant qu'Olivier est à l'usine. La nuit tombe, les enfants dorment... Ils se frôlent, s'embrassent et, cette nuit-là, finissent par devenir amants.

Dès lors, tout va très vite. Il ne faut que quelques semaines à Virginie pour décider de divorcer... Elle avertit Olivier et ne se cache même plus lors de ses escapades. Comme ce samedi soir. À 22 heures, la voiture de P. s'arrête devant le portail.

— Je m'en vais pour la nuit, lance Virginie à son mari. Tu surveilles les gosses ?

Olivier en reste comme deux ronds de flan. En voyant s'éloigner la R19 de Bubu avec sa propre femme comme passagère, il tente bien de se raisonner : après tout, ils sont séparés,

C'est dans cette rue, où vivait le couple, que la poursuite s'est engagée.

Virginie peut bien faire ce qu'elle veut... Mais pourquoi a-t-elle choisi son meilleur ami ? Il est environ 4h30 du matin lorsque la Renault 19 de P. se gare à nouveau devant le portail. Virginie a déjà un pied dehors quand une sorte de rugissement retentit : c'est Olivier !

Il était là, tapi près de la maison, à guetter leur retour ! Et il leur fonce dessus. Virginie referme la portière et la verrouille de l'intérieur. Le poing d'Olivier s'écrase sur la vitre, côté conducteur.

— Bubu, je vais te tuer ! hurle-t-il.

P. démarre dans un crissement de pneus... Mais quand il jette un regard dans le rétroviseur, sa panique redouble : la silhouette de son ancien ami ne s'est pas éloignée d'un centimètre !

C'est qu'Olivier a pris appui sur le crochet de la caravane et se cramponne aux interstices de la tôle. À présent, la voiture roule avec un bonhomme accroché derrière.

P. devrait s'arrêter, il le sait. À côté, Virginie est paniquée. Ni l'un ni l'autre n'ont la moindre idée de ce qu'il faudrait faire. Alors P. continue à rouler.

Un corps inerte sur le sol

La R19 va avancer ainsi sur cinq kilomètres. P. évite les pointes de vitesse, de peur de tuer son ami, mais il multiplie les embardées, espérant que l'autre lâchera prise.

Aux environs de Chuffilly, la R19 prend encore un virage. Et tout à coup, dans le rétroviseur, plus rien. Olivier n'est plus là. On aperçoit seulement une forme allongée sur la chaussée...

Olivier T. a-t-il fini par céder de lui-même ? A-t-il été éjecté contre son gré ? Impossible de le dire. Ce qui est sûr, c'est qu'il est mal tombé. Sa tête a heurté le sol. Il baigne dans son sang. Virginie appelle les secours. Mais les amants restent à une distance prudente, de peur que l'autre ne se relève et ne leur flanque une raclée... Le pauvre Olivier est bien hors d'état de se battre. Transféré au CHU de Reims, il meurt le lendemain.

Famille Tellier ou Bury ?

Me voici devant la porte de Virginie, à Attigny. Jadis, un couple vivait ici avec ses trois enfants. Depuis, le mari est au cimetière et P. B. s'est glissé dans ses meubles. Des petites jumelles sont venues agrandir la maisonnée, les filles que Virginie a eues avec P..

La porte s'ouvre. Virginie apparaît en robe de chambre. Je me présente. Elle me confie qu'elle est menacée et reçoit des appels anonymes.

— Quelqu'un veut faire la justice pour venger la mort d'Olivier. Alors, vous comprenez, on est prudents...

Certes, ça ne doit pas être simple tous les jours. Mais peut-être pourraient-ils au moins changer le nom sur la boîte aux lettres : il y est toujours inscrit « Famille Tellier » ! ●

Une enquête de **Vincent Sénécal**

Une photo s'affiche sur le téléphone de la jeune femme : le visage de son mari avec, derrière, une voie de chemin de fer…

LE SELFIE DE L'HORREUR

LYON
Juillet 2014

Dans le couloir d'un HLM de Villeurbanne, une porte claque brutalement. Malik sort de chez lui, furieux. Cet ingénieur de 32 ans et sa jeune épouse Tara viennent encore de se disputer. Toujours la même histoire : le ton monte, on finit par se crier dessus. Il est 22 h 30, ce dimanche 22 juin 2014.

Tara est énervée, elle aussi. Voilà des mois que ça ne marche plus entre eux. Ils n'arrivent plus à se comprendre. Les disputes sont devenues quotidiennes. Parfois, à force de se hurler dessus, ils finissent par réveiller leur petite fille de 2 ans, qui se met à pleurer dans la pièce voisine.

Ce soir, c'est la première fois que Malik s'énerve au point de quitter leur appartement. Au début, sous le coup de la colère, Tara n'a rien fait pour le retenir.

— Qu'il s'en aille si ça lui chante !

ILS SONT JEUNES, ILS ONT UNE ADORABLE FILLETTE

Mais à peine a-t-il claqué la porte qu'elle s'inquiète déjà. Qu'est-ce qu'il va faire, où va-t-il aller ? Tara guette son portable, espérant que Malik la rappelle. À présent, elle espère qu'ils vont pouvoir se réconcilier. Elle sait bien que son mari vit mal les difficultés de son couple, que ça le mine. Ces derniers temps, ils ne se voient presque plus, Malik rentre du travail le plus tard possible. La situation le déprime profondément.

Pourtant tout n'est pas si catastrophique dans leur vie. Malik a de vraies compétences professionnelles, il a fait l'essentiel de sa carrière chez Orange. Quant à Tara, avec son agrément d'assistante maternelle, elle va bientôt pouvoir apporter de nouveaux revenus à la famille. Ils ont une adorable petite fille. Ils sont jeunes, ils se débrouillent bien. Il y a sûrement un moyen de se réconcilier...

SOUDAIN, SON TÉLÉPHONE VIBRE…

22 h 45. Le téléphone de Tara, posé sur une table, se met à vibrer. La jeune femme se jette dessus. Un message de Malik, enfin! Elle déverrouille fébrilement l'écran. Mais le texto ne comprend aucun texte. Seulement une pièce jointe. Tara ouvre le fichier, et une photo s'affiche. Une photo que Malik vient de prendre, très sombre, car il fait nuit noire. Tara a du mal à voir où il se trouve. On dirait une voie de chemin de fer.

Aussitôt, le cœur de la jeune femme s'emballe. Qu'est-ce que ça veut dire? Où est-il? Pourquoi lui envoyer cette photo? Tara ne peut s'empêcher de penser au pire. Des rails… Et si son mari avait décidé d'en finir?

Elle n'aura pas le temps de s'interroger davantage: son téléphone vibre à nouveau. Un autre texto. Toujours pas un mot, mais une nouvelle photo. En l'ouvrant, Tara reconnaît le visage fin et la chevelure dégarnie de son mari: Malik lui envoie un selfie. Horrible! Le jeune père est allongé en travers de la voie ferrée, la tête appuyée contre le rail. Il attend le train qui le décapitera!

Tara tente aussitôt de l'appeler, mais il ne décroche pas.

—Malik, dis-moi où tu es! hurle-t-elle à son répondeur. Je t'en prie, ne fais pas de bêtise!

Mais il reste injoignable. Il faut absolument agir avant qu'il ne soit trop tard! Les minutes qui suivent sont terrifiantes. Tara se précipite dans la chambre de sa fille, elle la réveille, l'emporte et se jette au volant de sa Ford rouge pour foncer en direction du commissariat. Dix kilomètres à faire, où chaque minute dure une heure. Avec, en tête, l'affreuse image de son mari. Pourvu qu'il n'aille pas jusqu'au bout… En la voyant entrer, pâle, tremblante d'angoisse, les policiers comprennent que la situation est grave. Plusieurs patrouilles partent aussitôt à la recherche de Malik. Elles tournent dans la ville, longeant toutes les voies de chemin de fer. Même les rails de tramway et du métro lyonnais sont passés au peigne fin. Impossible de retrouver Malik.

PLUSIEURS PATROUILLES PARTENT À SA RECHERCHE

Tara, elle, n'a plus qu'à attendre. Toutes les trois secondes, elle regarde son téléphone, espérant recevoir une preuve que son mari est encore en vie. Mais rien.

L'affreuse attente ne prendra fin qu'à 0 h 30, quand Malik sera enfin retrouvé. Mais pas par la police. Ce qu'il a fait ? Il s'est rendu dans la petite ville de Mions, une autre banlieue de Lyon. Il a stoppé sa Corsa grise au bout de la rue Paul-Emile-Victor, une rue en cul-de-sac, mal éclairée, bordée d'un côté par des maisons individuelles, et de l'autre par des voies ferrées. Malik sait ce qu'il fait, c'est comme s'il avait tout prévu : il découpe le grillage qui empêche d'accéder aux rails, puis se glisse dans l'ouverture et marche dans le noir jusqu'à la voie.

C'est là qu'il prend la première photo. Puis il s'allonge, collant sa tête sur le métal du rail, et prend un selfie pour l'envoyer à sa femme.

À l'heure où la police, alertée par Tara, est à sa recherche, le TGV reliant Lyon à Grenoble traverse la commune de Mions. Il est un peu avant minuit, le train transporte 91 voyageurs. Soudain, apercevant une ombre au milieu des voies, le conducteur déclenche le freinage d'urgence. Mais le train a beau circuler à vitesse réduite, il ne pourra éviter le choc.

Une fois la lourde machine stoppée, le conducteur descend sur les voies pour aller voir ce qu'il a heurté. C'est là qu'il découvre le corps mutilé de Malik. Mort déchiqueté par le train. Il n'y a plus rien à faire pour le sauver.

IL N'A LAISSÉ AUCUNE LETTRE D'ADIEU...

Sous le choc, le conducteur contacte ses supérieurs et la gendarmerie. Il devra être remplacé pour que le train reparte, deux heures plus tard. Quant à Tara, elle apprendra dans les minutes qui suivent que c'est bien le corps de son mari qu'on a identifié.

Malik ne voulait pas être sauvé. Il n'a laissé derrière lui aucune lettre d'adieu, seulement cette affreuse photo envoyée à sa femme. La pauvre ne pouvait savoir ce qui allait se passer. La voici pourtant condamnée à vivre sous le poids de la culpabilité. La dernière image qu'elle conservera du père de sa fille, c'est ce visage sans expression, allongé dans la nuit sur une voie de chemin de fer. Comme un éternel reproche. ●

Une enquête de **Mathieu Fourquet**

BRÈVES

TOUT SOURIRE AVEC SON BÉBÉ AGONISANT

La photo est abominable de cruauté. Dans la salle d'audience du tribunal de Windsor, en Angleterre, un frisson d'horreur parcourt l'assistance. Le cliché a été pris le 17 mars 2011 : on y voit Emma Wilson, tout sourire, avec son fils Callum, 11 mois, dans ses bras. Le visage de Callum est couvert d'ecchymoses, son bras droit est plié dans un angle insoutenable et l'un de ses yeux, la rétine décollée, est rempli de sang : Emma vient de se photographier après avoir torturé son bébé. Callum décédera des suites de ses blessures deux jours après la prise de ce cliché. Le 15 avril, Emma Wilson, cette mère célibataire de 25 ans, a été condamnée à dix-sept ans de réclusion pour le meurtre de son enfant.

LA DERNIÈRE « PHOTO DE FAMILLE »

Kim a beau tambouriner à la porte de son appartement de Westminster, dans le Colorado, Merrick, son ex-petit ami, refuse de lui ouvrir. Il s'est enfermé avec Mia, leur fille, âgée de 19 mois. Paniquée, Kim appelle la police. Lorsqu'elle raccroche, une notification Facebook apparaît sur l'écran de son téléphone. Derrière la porte, Merrick vient de poster une photo de lui tenant Mia dans ses bras, accompagnée de ces mots glaçants : « Je t'ai dit que je ne pouvais pas vivre sans toi. Tu pensais que je blaguais ? Maintenant, Mia et moi allons partir ensemble. » Kim a beau hurler, frapper de toutes ses forces contre la porte, l'impensable se produit : trois coups de feu éclatent dans l'appartement. Lorsque les policiers arrivent, la petite Mia gît sur le sol, abattue en pleine tête à bout portant. Merrick McKoy, qui a retourné l'arme contre lui, décédera quelques heures plus tard.

ISBN : 978-2-7533-0441-3
Achevé d'imprimé en août 2022
Dépôt légal : septembre 2022